博士论文
出版项目

科研主题演化过程中的
词语迁移研究

Research on Word Migration in the Process of
Scientific Research Topic Evolution

陈柏彤　　著

中国社会科学出版社

图书在版编目（CIP）数据

科研主题演化过程中的词语迁移研究／陈柏彤著．—北京：中国社会
科学出版社，2020.8
ISBN 978 - 7 - 5203 - 6249 - 8

Ⅰ.①科…　Ⅱ.①陈…　Ⅲ.①科学研究—主题分析—研究
Ⅳ.①G254.21

中国版本图书馆 CIP 数据核字（2020）第 059475 号

出 版 人　赵剑英
责任编辑　田　文
责任校对　夏慧萍
责任印制　王　超

出　　版　中国社会科学出版社
社　　址　北京鼓楼西大街甲 158 号
邮　　编　100720
网　　址　http://www.csspw.cn
发 行 部　010 - 84083685
门 市 部　010 - 84029450
经　　销　新华书店及其他书店

印　　刷　北京君升印刷有限公司
装　　订　廊坊市广阳区广增装订厂
版　　次　2020 年 8 月第 1 版
印　　次　2020 年 8 月第 1 次印刷

开　　本　710×1000　1/16
印　　张　14.25
字　　数　201 千字
定　　价　86.00 元

出 版 说 明

为进一步加大对哲学社会科学领域青年人才扶持力度，促进优秀青年学者更快更好成长，国家社科基金设立博士论文出版项目，重点资助学术基础扎实、具有创新意识和发展潜力的青年学者。2019 年经组织申报、专家评审、社会公示，评选出首批博士论文项目。按照"统一标识、统一封面、统一版式、统一标准"的总体要求，现予出版，以飨读者。

全国哲学社会科学工作办公室

2020 年 7 月

前　言

　　科研主题演化及主题内容分析，是信息科学相关领域长期关注的问题。目前数量庞大的学术文献既向科研主题分析提出了挑战，也为学术文本挖掘工作提供了充足的资源。科研主题是动态演化的，在一个科研领域的发展过程中，新兴主题涌现，已经形成的主题越发活跃成熟或者逐渐老化衰退，各个主题的研究内容不断变化，单一主题发生分化，多个主题之间产生融合。理解科研主题的演化过程并对其进行深入的内容分析，可以帮助新入领域的研究者了解领域概况，促进领域专家之间进行领域内部和跨领域的知识交流，向科研基金管理机构和政策制定者提供科学创新的发展轨迹，帮助决策者跟进领域知识的流动情况。

　　鉴于科研主题研究的重要性，以数据挖掘领域为代表的各学科均对其投入了很大的关注，相比之下，情报学领域对于科研主题演化的研究成果较少，对于演化动态和演化过程中主题结构变化的分析尤为欠缺。而在数据挖掘等计算机科学相关领域中，由于学科本身技术导向的特性，对于科研主题演化的考察比较注重演化模型的构建和优化，研究成果疏于探讨主题间的知识交流情况和主题在不同时期的发展状态，以及更进一步深入词语层面的内容分析。

　　目前以情报学和数据挖掘领域为代表的信息科学相关领域对科研主题演化分析的现状是，情报学领域缺少成熟的技术方法对主题结构的动态演化过程和词语在主题中的分布变化进行识别和抽取；数据挖掘领域由于其技术导向的特征，缺乏对于科研主题深入的内容分析。

基于上述认知，本书结合数据挖掘和机器学习等领域的主题建模和文本挖掘方法，以及情报学领域注重文本内容分析的优势，以信息检索领域的学术文献为例，对科研主题的演化过程及演化过程中各主题下词语的分布及语义变化进行考察。共计七个章节。

第一章，引言，主要介绍选题背景与研究意义，国内外研究现状，词语语义和词语迁移概念的界定，本研究的内容、方法及创新之处。

第二章，理论基础，包括科学范式的转变，贝叶斯网络和主题建模原理，以及创新扩散理论，为后文进行主题抽取、演化研究和词语在主题中的分布研究提供理论支撑。

第三章，科研主题的划分与确定。基于 LDA 主题模型对科研文献构成的文本数据集进行了主题抽取和分析。选取的研究样本为信息检索领域的研究论文，数据来源为 Web of Science 数据库，时间检索跨度为 1956—2014 年，检索结果共计 20359 条文献数据。共计抽取五个主题，作为信息检索领域的重要主题进行后续的演化研究和词语分析。

第四章，对科研主题的演化过程进行分析，对信息检索领域五个重要主题的生长趋势和演化动态进行识别和考察。在生长趋势分析中，对 LDA 主题模型训练结果中的文档—主题概率分布按年分组进行聚合，从而得到每一年每个主题下的内容占当年文献总内容的比例，以表示各主题在对应年份的活跃程度。针对目前研究对主题活跃度的测量仍停留在对发表文献进行简单计数的基础上，本章的生长趋势分析结果较好地保留了一篇文档以不同比例包含多个主题的特性。在演化动态分析中，针对目前主题演化研究对主题分化融合、知识交流和不同时期的发展阶段分析的不足，对应上述三点展开了研究。整体语料被划分为六个时间窗口，每个时间窗口另外抽取存在于该时间段内的局域主题，第三章抽取的五个主题称为全局主题。全局主题内部和主题之间的知识交流情况，由局域主题之间的分化融合表示。通过计算主题之间词项概率分布的相似度，可以得到全局主题与局域主题之间的相关关系，以及相邻局域主题之间的分化融合情况。不同时期局域主题与全局主题的相关性，能够反映全局主题在这一阶段的发展状态。

第五章，在前面章节的基础上，将科研主题演化分析深入词语层面，重点关注科研主题演化过程中的词语迁移现象。科研主题表达为具有语义功能的词语的集合，科研主题演化过程实质上是与词语相关的创新和应用的变化。从词语分析入手，是进一步理解科研主题演化过程的关键。本章首先阐述了词语迁移现象存在的普遍性，并对词语迁移的定义进行了表述，即相同的词语出现在不同的主题当中。类比现实世界中普遍存在的迁移现象（如人类种群的地域性迁移），词语相当于人群，主题相当于不同的地域。对词语迁移的类型、稳定性和词语在迁移过程中的语义变化进行了测量和分析。

第六章，对词语迁移活动存在的一般性规律进行了验证和分析。提出了词语迁移规律的三个假设，其一为相似性假设：具有相似上下文的词语具有相似的迁移方向；其二为多样性假设：语义多样性较强的词语具有较高的迁移程度；其三为凝聚性假设：主题中的重要词语具有较低的迁移程度。根据信息熵理论，本章首先对词语迁移程度进行了定量化表示，以方便后文对词语迁移规律的验证。相似性规律表示的是词语语义相似性与词语迁移方向之间的关系，基于 Word2vec 词嵌入模型将词语表示为词向量，词语语义相似性由词向量之间的余弦相似度表示。多样性规律表示的是词语语义的多样性与词语迁移程度之间的关系，词语的多义性通过计算词向量在 K 最近邻网络中的局部聚类系数表示。凝聚性规律表示的是词语对于主题的重要性与词语迁移程度之间的关系，词语的重要性通过在主题中的 Tf-idf 值的计算表达。

第七章，对全书研究进行总结与展望，包括研究结论，研究不足与展望。

本书的出版受到国家社会科学基金后期资助优秀博士学位论文出版项目的资助，在我的博士学位论文基础上修改撰写完成，感谢我的导师马费成教授对我的悉心指导。

陈柏彤
于 2020 年 1 月

摘　　要

　　本研究基于信息检索领域学术文献数据，对科研主题演化过程中的词语迁移问题展开分析，主要观点包括以下三个方面：

　　(1) 信息检索领域五个重要主题的发展演化，总体上遵循从调整期到成熟期的发展阶段过渡过程。部分主题在发展成熟后，可能重新进入调整期，在经历新知识的引入和主题内容重组后，达到一个新的发展成熟期。由主题分化融合活动反映的主题知识交流，既在主题自身内部发生，也在主题之间形成。领域内率先发展成熟的主题在后续发展独立的主题的形成阶段会产生知识输出；相对地，后续发展独立的主题也会反馈本主题创新的技术和方法向其他主题形成知识流动。部分主题由于研究范畴在本领域的独特性和自身研究内容的凝聚性较高，与其他主题之间的知识交流较少，从而形成一条较为封闭的主题发展路径。

　　(2) 科研主题演化实质上是主题下具有语义功能的词语发生的变化。理解科研主题中的核心词语在不同时期发生的变化是对科研主题演化进行深入内容分析的关键。本研究将科研主题演化过程中，相同词语在不同主题中出现的现象定义为词语迁移。词语迁移现象关注词语语义的变化，在科研主题演化的过程中，实际上对应的是与词语关联的创新和应用的变化。词语迁移活动可分为无迁移、双主题迁移和多主题迁移三种类型。当主题中的多个词语均表现出向其他主题迁移的趋势时，表示与这个主题相关的研究问题在本领域的热度下降，主题整体处于收缩和衰退的过程当中。在词语迁移的稳定性方面主要关注了发散型迁移词语和收敛型迁移词语。词语的发散式迁移过程反映的是词语语义由主题普遍性向主题特异性发展的过程，与之相对，词语的收敛式迁移通常反映与词语相联系的研究和应用在多个主题当中均获得了关注，成为领域的热点研究问题。

（3）通过考察词语上下文相似性，语义多样性和在主题中的重要性与词语迁移方向和迁移程度的关系，本研究指明关于词语迁移活动的三个一般性规律。其一为相似性规律：具有相似上下文的词语具有相似的迁移方向；其二为多样性规律：语义多样性较高的词语具有较高的迁移程度；其三为凝聚性规律：主题中的重要词语具有较低的迁移程度。研究表明，信息检索领域各主题下高概率词语的迁移活动验证了关于词语迁移的三个规律。相似性规律方面，上下文相似的词语主要包括近义词和共现词组两种类型，这类词语通常具有相似的迁移方向，但当多个词语互相之间经常共现时，这些词语的语义会相互影响，使得在迁移过程中形成不一致的方向。多样性规律与凝聚性规律存在一种相互制衡的关系。单纯考虑多样性规律时，词语的语义越单一，越容易稳定在一个主题中；此时将凝聚性规律也加入考虑，语义单一的词语可能对多个主题都很重要，或者说虽然这个词语总是与相同的上下文共同出现，但常常被多个主题同时使用，那么也会使得词语在多个主题中形成迁移。

关键词：主题演化；主题模型；词语迁移；语义分析；内容分析

Abstract

Using a data set from the field of information retrieval, this study conducted analysis on word migration in the processing of scientific research topic evolution. The main idea of this work contains the following three points:

(1) The development and evolution of the five major topics in the field of information retrieval, in general, follow the transition from the adjustment status to the mature status. Some of the topics in the mature status, may re-enter an adjustment status, after the introduction of new knowledge and the reorganization of topic contents, to achieve a new mature period. The topic knowledge exchange, which is reflected by the topic splitting and merging activities, happens both within the topic itself and between the topics. The earlier developed topics in the field will produce knowledge output to later topics. In contrast, later developed topics will also feedback its innovative technologies and methods to form knowledge flows. Some of the topics due to its uniqueness and coherence research themes, its knowledge exchange with other topics are less, thus forming a rather closed topic developing path.

(2) The evolution of scientific research is essentially the change of words and word semantics. Understanding such changes of the core words in scientific research topics at different periods is the key to in-depth analysis of the evolution of scientific research topics. In this study, same word

appearing in different topics is defined as word migration. The phenomenon of word migration is concerned with the change of semantic meaning of words. In the process of the evolution of scientific research, word migration is in fact the change of innovation and application associated with the words. Word migration activities can be summarized into three types: non-migration, dual-migration and multi-migration. When multiple words in a certain topic show a tendency to migrate to other topics, the heat of the research problem related to this topic declines in the field, and the topic is in the process of contraction and recession as a whole. As of the stability of word migration, we mainly focus on convergent words and divergent words. The divergence of the words reflects the process of the development of the semantics of the words from the subjectivity to the topic-specific development. In contrast, the convergent relativity of the words usually reflects that the research and application associated with the words are of interest in multiple topics, and the related innovation has become a hot topic in the domain.

(3) By examining the relationship between word context similarity, semantic diversity and the importance in a topic with the word migration direction and degree of migration, this study proposes three general laws about word migration activities. One is the law of similarity: words with similar context have similar migration direction; the second is the law of diversity: polysemous words have a high degree of migration; the third is the law of coherence: important words in the topics have a lower degree of migration. The study shows that, the migration status of high probability words in the topics in the field information retrieval verifies the three laws of word migration. For the law of similarity, words with similar context mainly include two types: synonyms and frequent co-occurrence phrases. These words usually have similar migration directions. However, when multiple words often co-occur with each other, the semantics between these

words will be influenced, making the formation of inconsistencies in the process of migration. There is a connection between the law of diversity and the law of coherence. When the law of diversity is taken into account, the less meaning a word has, the more it is likely to stay in one topic. But when we consider the law of coherence at the same time, less polysemous words may be important to multiple topics, or even the word is usually embedded in the same context, but it is often used by multiple topics, which will also make the words appear in a number of topics and form migration.

Key Words: Topic evolution; Topic model; Word migration; Semantic analysis; Content analysis

目　　录

Contents

第 一 章

引 言

第一节 选题背景与研究意义

一 选题背景

科学知识的不断发展产生了大量的科学文献,现有科学文献的庞大数量以及仍在以几何级数快速增长的速率,使得科研工作者难以对其所关注的领域进行全貌概览和热点跟进。然而,科学成果的取得始于研究人员选定一个感兴趣且有价值的研究主题。因此,对科研主题进行分析和理解成为一个必要的问题。现有数量庞大的科学文献既为主题分析提出了挑战,也为研究科研主题提供了充足的资源。

科研主题是动态演化的。在一个科学领域的发展过程中,新兴主题涌现,已经形成的主题越发活跃成熟或者逐渐老化衰退,各个主题的研究内容不断变化,单一主题发生分化,多个主题之间产生融合。科研主题的演化分析,可以预测和发现科学领域的热点和前沿涌现,帮助刚刚接触新领域的研究者理解领域概况,促进领域专家之间进行领域内部和跨领域的知识交流,向科研基金管理机构和政策制定者提供科学创新的发展轨迹,帮助决策者跟进领域知识的流动情况。

进行科研主题的演化研究,首先需要发现文档集合中潜在的科研主题。基于引文分析和共词分析的主题发现已有众多工具可以实现①，发展成熟，普及度高。然而，通过引文关系和共词关系进行主题发现存在若干问题：引证行为具有滞后性，对于年代较新的文档集合的主题分析，不具有时效性；共词分析的结果是独立于文档的。通过浏览共词矩阵的聚类结果可以进行主题内容的识别，每一个主题表现为不同词语的聚类。然而，当回归到文档之后，若选取一篇用来构建共词关系的科学文献，我们无法探知其中所包含的主题分布。这种分析结果与原文献脱离的特征，降低了主题分析的参考性和准确性。

主题模型（Topic Models）是机器学习领域基于概率统计模型所提出的主题发现方法，近年有多种主题模型被提出并在自然科学和社会科学各个领域中得到应用。主题模型的基本假设是：一篇文档以不同的内容比例体现多个主题。相比于引文分析，主题模型中的主题内容表现为词项的概率分布，因此不具有滞后性；相比于共词分析，在得到主题模型的训练结果后，任意抽取一篇文档，则可以获知文档中的主题概率分布，因此，主题模型能够很好地反映"词语—主题—文档"之间的联系。综上所述，主题模型良好地应对了引文和共词方法在主题发现中存在的问题，在主题发现方面具有更大的优势。

科研主题的演化研究，是情报学和数据挖掘领域研究者长期关注的问题。基于共词②和引文③的科学知识图谱可以用于获得一个领

---

① Bastian M., Heymann S. and Jacomy M., "Gephi: An Open Source Software for Exploring and Manipulating Networks", Third International AAAI Conference on Weblogs and Social Media, San Jose, California, May 17 – 20, 2009. Van Eck N. J. and Waltman L., "Software Survey: VOSviewer, A Computer Program for Bibliometric Mapping", *Scientometrics*, Vol. 84, No. 2, 2010, pp. 523 – 538.

② Klavans R. and Boyack K. W., "Identifying a Better Measure of Relatedness for Mapping Science", *Journal of the American Society for Information Science and Technology*, Vol. 57, No. 2, 2006, pp. 251 – 263. Ronda-Pupo G. A. and Guerras-Martin L. A., "Dynamics of the Evolution of the Strategy Concept 1962 – 2008: A Co-word Analysis", *Strategic Management Journal*, Vol. 33, No. 2, 2012, pp. 162 – 188.

③ Chen C., "Cite Space Ⅱ: Detecting and Visualizing Emerging Trends and Transient Patterns in Scientific Literature", *Journal of the American Society for Information Science and Technology*, Vol. 57, No. 3, 2006, pp. 359 – 377.

域的发展概况、可视化新兴主题和研究前沿。主题演化模型①可以探测到一个新主题的产生，并追踪科研主题内容随时间的演变。现有科研主题演化研究主要考察科研主题在宏观层面的变化，例如，Science 期刊主题的内容演变②；PNAS 出版文献随时间变化的高频关键词概览③；大规模物种灭绝研究领域在不同时期最显著的若干研究问题。然而，理想的科研主题演化分析还应包括：（1）科研主题的生长趋势。主要体现科研主题在各个时期的活跃程度，探测科研主题演化过程中的转折点和发展趋势。（2）科研主题的演化动态。既包括主题内容的演变，也包括主题分化与主题之间的融合，并考察伴随着主题分化与融合的主题间知识交流情况。（3）重要主题的发展阶段。给定一个时期，能够探测科研主题处于何种发展状态，例如，是否发展成熟，处于发展上升期，或者正在走向衰落。现有科研主题演化研究主要关注宏观层面主题内容的历时演变，对主题分化融合的分析比较粗略④，主题间知识交流情况和重要主题的发展阶段问题尚不清晰，因此有较大的研究空间和研究价值。此外，主题演化模型的相关研究偏重算法优化，与情报学领域关注分析、长于分析的学科特点相结合，将取得更佳的研究成果。

---

① Amoualian H. , Clausel M. and Gaussier E. , et al. , "Streaming-LDA: A Copula-based Approach to Modeling Topic Dependencies in Document Streams", *Proceedings of the 22Nd ACM SIGKDD International Conference on Knowledge Discovery and Data Mining*, New York, NY, USA: ACM, 2016, pp. 695 – 704.

② Blei D. M. and Lafferty J. D. , "Dynamic Topic Models", *Proceedings of the 23rd International Conference on Machine Learning*, ACM, 2006, pp. 113 – 120.

③ Mane K. K. and Börner K. , "Mapping Topics and Topic Bursts in PNAS", *Proceedings of the National Academy of Sciences*, Vol. 101, No. suppl 1, 2004, pp. 5287 – 5290.

④ Mei Q. and Zhai C. X. , "Discovering Evolutionary Theme Patterns from Text: An Exploration of Temporal Text Mining", *Proceedings of the Eleventh ACM SIGKDD International Conference on Knowledge Discovery in Data Mining*, ACM, 2005, pp. 198 – 207. Jo Y. , Hopcroft J. E. and Lagoze C. , "The Web of Topics: Discovering the Topology of Topic Evolution in a Corpus", *Proceedings of the 20th International Conference on World Wide Web*, ACM, 2011, pp. 257 – 266.

词语是科学文献中承载知识的单元，科研主题在本质上是具有语义功能的词语的集合。要理解科研主题演化实质上的驱动因素，需要深入词语层面，追踪词语在主题演化过程中发生的变化。然而现有主题演化研究通常将主题作为一个整体进行分析，主题演化过程中的词语及其在科研主题中的分布的变化研究则很少涉及。科研主题演化过程中的词语变化着重关注词语语义的变化，在科研主题演化过程中，词语语义变化实际上联系的是与词语相关的创新和应用的变化。关注词语及其分布在科研主题演化过程中的变化，能够加深对科研主题演化的驱动因素的理解。

二　研究意义

本研究基于主题模型和词语在主题中的分布情况对科研主题演化及演化过程中的词语迁移活动展开研究，首先通过主题模型方法进行科研主题抽取，随后考察科研主题的生长趋势和演化过程，在掌握科研主题演化过程的背景下，重点考察词语在主题演化过程中发生的迁移活动，具有重要的理论与实践意义。

在理论上：完善科研主题演化研究框架，弥补现有研究在主题分化融合、主题间知识交流和重要主题发展阶段分析方面的不足。针对现有主题演化研究在词语分析方面的不足，明确词语迁移的概念，通过分析主题演化过程中词语分布、语境和语义的变化，将科研主题演化分析深入词语层面。

在实践上：科研主题演化和词语迁移分析的结果，能够促进领域内外的知识交流和传播，提升对科研领域的解读深度，帮助科研工作者理解相关的学科领域、匹配自身的研究兴趣，引导科研工作者未来的研究方向，促进科研合作和激发科研创新。对科研基金管理机构和政策制定者而言，理解领域主题演化能够帮助决策者跟进领域创新和领域发展趋势。

第二节　国内外研究现状分析

一　基于主题模型的主题发现与主题演化研究

(一)　主题模型与主题发现

主题模型 (Topic Models)[①] 是机器学习和自然语言处理相结合的一种发现文本中潜在主题的文本挖掘方法。主题模型的基本思想是一篇文档由多个主题混合而成，并将主题看作词项的概率分布，以词袋 (Bag of Words) 表示每篇文档。主题模型起源于潜在语义索引 (Latent Semantic Indexing, LSI)[②]，潜在语义索引通过奇异值分解 (Singular Value Decomposition, SVD) 构造一个新的潜在语义空间，对原语义空间实现降维处理，文档或词可以变换到新的语义空间进行表示，从而得到更简单的表达。潜在语义索引并非概率模型，因此它不是主题模型，但其基本思想为主题模型的发展奠定了基础。

在潜在语义索引的基础上，由 Hofmann[③] 提出的概率潜在语义索引 (Probabilistic Latent Semantic Indexing, PLSI) 和 Blei 等[④]提出的潜在狄利克雷分配 (Latent Dirichlet Allocation, LDA) 是目前主流的主题建模 (Topic Modeling) 方法。主题模型主要估计两组参数：一是各主题下的词项概率分布；二是各文档中的主题概率分布。模型

---

① Griffiths T. L. and Steyvers M. , "Finding Scientific Topics", *Proceedings of the National Academy of Sciences*, 2004, pp. 5228 – 5235.

② Deerwester S. , Dumais S. T. and Furnas G. W. , et al. , "Indexing by Latent Semantic Analysis", *Journal of the American Society for Information Science*, Vol. 41, No. 6, 1990, p. 391.

③ Hofmann T. , "Probabilistic Latent Semantic Indexing", *Proceedings of the 22nd Annual International ACM SIGIR Conference on Research and Development in Information Retrieval*, ACM, 1999, pp. 50 – 57.

④ Blei D. M. , Ng A. Y. and Jordan M. I. , "Latent Dirichlet Allocation", *Journal of Machine Learning Research*, Vol. 3, Jan. 2003, pp. 993 – 1022.

的生成过程是首先对每一篇文档选择一个主题概率分布，然后对文档中的每一个词，首先选择一个主题，再由主题的词项概率分布生成一个词。已知生成的文档集合，倒推估计两组参数的值，由此得到由词项概率分布表示的主题识别结果和由主题概率分布表示的文档主题构成。

主题模型在主题发现方面，相对于引文分析和共词分析具有明显的优势。与引文分析相比，主题模型不具有滞后性。与共词分析相比，主题模型通过主题—词项概率分布和文档—主题概率分布，将词语—文档—主题紧密联系起来。

（二）主题演化模型

虽然主题模型在主题发现方面具有明显优势，但在静态主题模型的假设中，文档的顺序可以随意交换，即文档所具有的时间标签不影响模型的训练结果。然而在实际情况中，文档按照时间顺序排列，由文档所反映的主题也随时间不断演化。为了更准确地考察文档集合中潜在主题的历时演化，包含文档时间标签的主题演化模型被相继提出。

主题演化模型主要探测同一主题内容随时间的变化。代表性研究是由 Blei 和 Lafferty[①] 提出的动态主题模型（Dynamic Topic Models, DTM）。文档集合首先被分割到不同的时间窗口，每个时间窗口生成相同数目的主题，后一个时间窗口中的主题由前一个时间窗口中的主题演化而来，分析结果是生成一个链条状（无分支）的主题演化路径，对应每一个主题，展示主题内容随时间的变化情况。DTM 研究的是离散时间窗口下的主题演化过程，演化效果一定程度上受到时间窗口选择的影响。为了解决 DTM 中时间窗口离散的问

---

① Blei D. M. and Lafferty J. D., "Dynamic Topic Models", *Proceedings of the 23rd International Conference on Machine Learning*, ACM, 2006, pp. 113 – 120.

题, Wang等[1]提出连续时间动态主题模型（Continuous Time Dynamic Topic Models, CTDTM）。主题的演化过程由布朗运动来模拟, 并将文本的时间差信息引入参数演化的过程中。该模型是DTM的扩展研究, 即对DTM模型的优化, 可以看作选取最佳时间窗口粒度下的DTM模型, 因此在演化分析的能力上与DTM是类似的。动态混合模型（Dynamic Mixture Models, DMM）[2]与DTM相比, 对时间的假设更为严格。DMM中的文本是严格按照时间顺序先后到达的, 因此, 尤其适用于对实时变化的网络空间文本流进行建模, 可以看作在线情景下的主题演化模型。其他在线情境下的模型优化, 包括Temporal-LDA（TM-LDA）[3]和Gohr等[4]进行的文档流中的主题演化研究, 分别是对LDA和PLSI模型的改进, 使模型适用于挖掘网络环境下文档流中主题内容的演化, 允许新文档实时加入、新的词语涌现、过时词语被遗忘。在DTM中, 每个时间窗口的主题依赖于相对上一时间窗口的条件概率。如果独立获取每个时间窗口当中的主题, 而不设定条件依赖关系, 也可以使模型具有在线处理能力。代表性研究例如, 在线LDA模型（Online LDA, OLDA）[5]使用演化矩阵来记录之前的模型结果, 在线地生成一个及时更新的模型, 可以表现出主题内容和强度的演化。通过处理新到达的文本, 调整学习到的主题,

---

① Wang C. , Blei D. and Heckerman D. , "Continuous Time Dynamic Topic Models", *arXiv Preprint arXiv*: 1206.3298, 2012.

② Wei X. , Sun J. and Wang X. , "Dynamic Mixture Models for Multiple Time-series", *IJCAI*, Vol. 7, 2007, pp. 2909 – 2914.

③ Wang Y. , Agichtein E. and Benzi M. , "TM-LDA: Efficient Online Modeling of Latent topic Transitions in Social Media", *Proceedings of the 18th ACM SIGKDD International Conference on Knowledge Discovery and Data Mining*, ACM, 2012, pp. 123 – 131.

④ Gohr A. , Hinneburg A. and Schult R. , et al. , "Topic Evolution in a Stream of Documents", *Proceedings of the SIAM International Conference on Data Mining*, Society for Industrial and Applied Mathematics, 2009, p. 859.

⑤ Al Sumait L. , Barbará D. and Domeniconi C. , "On-line lda: Adaptive Topic Models for Mining Text Streams with Applications to Topic Detection and Tracking", *8th IEEE International Conference on Data Mining*, IEEE, 2008, pp. 3 – 12.

利用演化矩阵记录主题变化，因此可以检测新话题的产生。OLDA
通过计算相邻主题的 KL 距离（Kullback Leibler Divergence，KLD），
度量连续时间窗口内，同一主题在内容上的差异性。KL 距离大于设
定阈值，则认为探测到新话题的产生。

Wang 和 McCallum[①] 提出的主题随时间变化模型（Topics Over
Time，TOT）着眼于主题强度随时间的变化。TOT 模型得到的主题，
其由词项概率分布表示的主题内容是不变的，变化的是相同主题内
容在不同时间状态下的活跃程度。TOT 模型将时间看作连续的可观
测变量，每篇文档的时间标签由 Beta 分布生成，而非大多数研究中
使用的文档生成或出版的时间。文档中的每个词不仅受到主题的限
制，同时也受到时间标签的限制，因此可以表示同一主题在不同时
刻的活跃程度。TOT 模型的不足之处在于，对于主题演化的把握，
仅关注主题在时间轴上的强度变化，而忽略主题内容的变化。Jo[②]
等尝试描绘科研主题演化过程在演化结构上丰富的拓扑性质，主题
可以在任意时间点生成，主题之间的分化和融合以引证关系表示。
首先按照时间顺序浏览文献，同时检测文献中是否有新的主题产生，
因此主题可以在任意时间点生成。如果一篇文献中检测到没有被已
有文献表达过的主题内容，且这一主题内容被一定数量的后续文献
所继续表达，则认为有一个新的主题产生。新兴涌现的主题和后续
主题通过交叉引证关系体现主题之间的分化与融合活动。Mei 和
Zhai[③] 通过时序文本挖掘（Temporal Text Mining）识别主题演化模

① Wang X. and McCallum A., "Topics over Time: A Non-Markov Continuous-time Model of Topical Trends", *Proceedings of the 12th ACM SIGKDD International Conference on Knowledge Discovery and Data Mining*, ACM, 2006, pp. 424 – 433.

② Jo Y., Hopcroft J. E. and Lagoze C., "The Web of Topics: Discovering the Topology of Topic Evolution in a Corpus", *Proceedings of the 20th International Conference on World Wide Web*, ACM, 2011, pp. 257 – 266.

③ Mei Q. and Zhai C. X., "Discovering Evolutionary Theme Patterns from Text: An Exploration of Temporal Text Mining", *Proceedings of the 11th ACM SIGKDD International Conference on Knowledge Discovery in Data Mining*, ACM, 2005, pp. 198 – 207.

式。主题通过 PLSI 模型抽取，每个时期仅保留最显著的主题，其余予以舍弃。显著主题之间的关系强度使用 KL 距离测量，主题之间的分化融合结构通过设定 KL 距离的阈值得到。

二　科研主题的生长趋势

科研主题的演化研究最早开始于对科研主题生长趋势的探测。科研主题的生长趋势表现为不同时期主题的活跃程度。在具有时间标签的文献集合中，主题的历时活跃程度可以由每个时期研究这一主题的文献数量的多少来反映。20 世纪 70 年代，文献的主题归属通过专家对文献进行人工的内容分析来识别[1]。专家对每篇文章进行阅读，通过理解文献的研究主题、研究设计、研究方法、实际应用，以及关注作者的所属机构等信息，识别文章的主题领域归属。每篇文章可以被归类到多个主题领域，每一时期某一主题中包含的文献数量，代表这一时期该主题的活跃程度。将同一主题各个时期的活跃程度按照时间顺序连接起来，便形成科研主题的历时生长趋势。基于专家人工的内容分析总体上来说比较准确，然而随着文献数量的快速增长，如今体量庞大的文献存储数据，已经不可能靠人工来识别文献所属的研究领域。随着数据挖掘技术的发展，主题发现任务已经可以依靠聚类算法或主题模型来高效地完成。主题模型[2]是发现文档中潜在主题的概率模型，适用于对大量的文献集合进行建模和主题抽取。主题模型构建的出发点是：一篇文章以不同的概率体现多个主题的内容。得到主题模型的训练结果后，每个主题表现为全部词项的概率分布，同时，每篇文档表现为这些由词项概率分布表示的主题的概率分布。

---

① Lounsbury J. W. , Roisum K. G. and Pokorny L. , et al. , "An Analysis of Topic Areas and Topic Trends in the Community Mental Health Journal from 1965 through 1977", *Community Mental Health Journal*, Vol. 15, No. 4, 1979, pp. 267 – 276.

② Blei D. M. , "Probabilistic Topic Models", *Communications of the ACM*, Vol. 55, No. 4, 2012, pp. 77 – 84.

目前，探测科研主题生长趋势的主要方法是对每个主题下属的文档集合进行计数，将每一年的计数结果按照时间顺序排列，从而表现主题活跃程度随时间的变化。然而，这一方法的弊端是每篇文档只能属于一个主题，即使一篇文档被标注多个主题标签，也是均匀分布在各个主题之间，因此摒弃了一篇文章以不同的概率体现多个主题内容的特征。一个例外是由 Wang 和 McCallum[①] 于 2006 年提出的 Topics over Time（TOT）模型。该模型是基于 LDA 的改进模型，用于检测主题强度随时间的变化。主题强度表现为每个主题相对于时间标签的 Beta 分布。与其他研究相区别的是，TOT 模型中文档的时间标签由每个主题各自的 Beta 分布生成，而非文档的生成时间或者科学文献的出版时间。TOT 模型的训练结果，通过词项的多项概率分布反映主题内容，通过时间标签的 Beta 分布反映主题强度。主题的生长趋势则通过不同时期的主题强度来表达。

科研主题的生长趋势探测关注主题在完整时间轴上的发展，与之相关的一个研究领域是新兴趋势探测。科学文献的急剧增长促进新的研究主题不断产生，科学发展中的新兴趋势探测成为理解科研主题演化的重要课题。科学领域中的新兴趋势（Emerging Trend），即随着时间推移逐渐引起学者兴趣，并成为被越来越多的学者所讨论的科研主题。[②]

新兴趋势探测的主要目标是发现科学领域中的新兴主题，该主题的后续发展状态，以及与新兴主题相关的演化结构。探测过程首先抽取主题，然后识别新兴趋势，最后进行可视化描绘。主题抽取通常借助相似性计算和层次聚类法。随着数据分析规模的扩大和复杂网络方

---

① Wang X. and McCallum A. , "Topics Over Time: A Non-markov Continuous-time Model of Topical Trends", *Proceedings of the 12th ACM SIGKDD International Conference on Knowledge Discovery and Data Mining*, ACM, 2006, pp. 424 – 433.

② Kontostathis A. , Galitsky L. M. and Pottenger W. M. , et al. , "A Survey of Emerging Trend Detection in Textual Data Mining", *Survey of Text Mining: Clustering, Classification, and Retrieval*, Springer New York, 2004, pp. 185 – 224.

法的引入，研究人员开始使用动态网络可视化技术进行趋势分析，并利用社区识别方法取代层次聚类方法①。识别一个主题是否属于新兴主题是新兴趋势探测的重点和难点，词频统计是新兴主题判定的传统方法，近些年有研究者提出了基于背景知识和更复杂的指标体系来判定一个主题是否为新兴主题。Le 等②研究了引文分类原则在新兴趋势探测模型中的应用。文章提出六种引文类别并应用到新兴趋势探测模型的构建中。引文数量与主题的受关注程度成正比，每个引文类别对应科研主题的一种属性的受关注程度。Lee 等③通过关键词挖掘，使用数据轮廓（Profiling）和并行最近邻聚类算法（Parallel Nearest Neighbor Clustering），分析了数字图书馆领域的新兴趋势，并识别出该领域的三个发展阶段：基础研究、用户研究和元数据研究。Tu 和 Seng④ 提出新颖性指数（Novelty Index，NI）和发文量指数（Published Volume Index，PVI）来探测新兴主题。研究结果表明，文章提出的两个指标适用于探测一个科学领域中新兴主题的创新性和生命力。

三 基于知识图谱的科研主题演化研究

（一）知识网络与知识图谱

在科学计量学领域，知识图谱被广泛应用于识别和可视化科学文献中的主题领域分布情况。知识图谱（Knowledge Domain Visuali-

① Moerchen F., Fradkin D. and Dejori M., et al., "Emerging Trend Prediction in Biomedical Literature", *Proceedings of American Medical Informatics Association Annual Symposium*, 2008, pp. 485 – 489.

② Le M. H., Ho T. B. and Nakamori Y., "Detecting Citation Types Using Finite-state Machines", *Pacific-Asia Conference on Knowledge Discovery and Data Mining*, Springer Berlin Heidelberg, 2006, pp. 265 – 274.

③ Lee J. Y., Kim H. and Kim P. J., "Domain Analysis with Text Mining：Analysis of Digitallibrary Research Trends Using Profiling Methods", *Journal of Information Science*, Vol. 36, No. 2, 2010, pp. 144 – 161.

④ Tu Y. N. and Seng J. L., "Indices of Novelty for Emerging Topic Detection", *Information Processing & Management*, Vol. 48, No. 2, 2012, pp. 303 – 325.

zation)① 是由手工绘制或计算机生成的，用以表示知识领域的结构、演变过程和发展趋势的图形，处于信息可视化与情报学交叉的研究领域，情报学分析是基础，信息可视化技术是手段。知识图谱的研究对象主要为学科领域或科研主题，其研究问题很多涉及宏观知识随时间演化的动态特性。Kuhn② 关于科学革命的结构理论，对知识图谱研究有深刻的影响。根据 Kuhn 提出的范式理论，科学发展的进程往往会经历这样几个阶段：正常期、危机期、革命期和新一轮的正常期。知识图谱研究所面临的主要挑战即是如何通过对科学文献的整合分析，及时而客观地再现这些宏观尺度上的变化规律。知识图谱的绘制主要基于科学文献中潜在的知识实体之间的共现关系，知识实体是科学文献中承载知识的单元，根据知识单元粒度的不同，可以是期刊、文章、作者、关键词等。知识图谱研究主要体现的共现关系为共被引关系和共词关系，其中，共被引关系主要为文章共被引、作者共被引和期刊共被引，共词关系体现的是关键词在文档集合中的共现情况。

知识网络是绘制知识图谱的基础，自 20 世纪 50 年代 Garfield、Price 等学者对科学文献中的引证网络进行研究以来，知识网络已成为社会网络分析、复杂网络分析、情报学和计算机科学等学科领域所深入研究的对象。

知识网络的理论基础起源于哲学界。奥地利哲学家波普尔从进化论的视角指出，人的主观思维（世界 2）借助物质的客观存在（世界 1）创造出一个思想的客观内容世界（世界 3）。波普尔③认为世界 3

---

① Börner K., Chen C. and Boyack K. W., "Visualizing Knowledge Domains", *Annual Review of Information Science and Technology*, Vol. 37, No. 1, 2003, pp. 179 – 255. Chen C., *Mapping Scientific Frontiers*, London: Springer-Verlag, 2003, pp. 259 – 320.

② Kuhn T. S., *The Structure of Scientific Revolutions*, Chicago: Chicago University Press, 2012.

③ ［奥］波普尔：《客观知识》，舒炜光等译，上海译文出版社 1987 年版，第 114 页。

近似于动物创造的蛛网、蜂窝等网状结构，是客观的，不是人类有意创造的；但同时它又是自主的，有自己的发展规律，并反馈于世界2。由客观知识的概念，哲学界便已经意识到人类思想的客观结构类似于蛛网、蜂窝等网状结构。20 世纪 90 年代，Beckmann① 从管理学的视角提出知识网络概念，称知识网络为进行知识生产和知识传播的平台。管理学界及企业界对知识网络的解读，侧重于将知识网络看作科学知识生产、传播并创造市场收益的智慧枢纽。

知识网络的实际应用起源于情报学界，随着时间的推移，受到多学科方法论的影响。20 世纪 50 年代，科学引文索引（Science Citation Index，SCI）创始人 Garfield 受到法律界基于案件间引证关系建立的索引工具的启发，意识到科学文献引证网络可以反映科学知识之间的传承关系，并且尝试利用引文网络研究科学知识发展的历史、脉络和结构②。Garfield 指出，科学文献引文网络，是一种思想之间的连接索引，使科研主题信息通过文献引证关系网络化。1964 年，Garfied 正式提出 SCI，引文网络开始进入人们的视野③。引文索引可以看作知识网络的初期形态，已经具备知识网络的基本特征。引文网络作为最早被引入情报学界的科学知识网络形式，如今已经发展成熟，是被应用最广泛、研究最深入的知识网络之一。

随着信息技术和网络科学的发展，知识网络研究的方法论体系从情报学、社会学、统计物理学、计算机科学等领域得到了极大的补充和发展。物理学家 Newman 将真实世界的网络划分为四种主要类型，分别是社会网络、信息网络、技术网络和生物网络④。学术界

---

① Beckmann M. J. , "Economic Models of Knowledge Networks", *Networks in Action*, Berlin: Springer-Verlag, 1995, pp. 159 – 174.

② Garfield E. , "Citation Indexes for Science", *Science*, No. 122, 1955, pp. 108 – 111.

③ Garfield E. , "Science Citation Index — A New Dimension in Indexing", *Science*, Vol. 144, No. 3691, 1964, pp. 649 – 654.

④ Newman M. E. J. , "The Structure and Function of Complex Networks", *SIAM Review*, Vol. 45, No. 2, 2003, pp. 167 – 256.

主要关注的知识网络有以下五种：（1）基于文献引证关系的引文网络（Citation Networks）；（2）基于关键词共现关系的共词网络（Co-word Networks）；（3）基于作者合作关系的合著网络（Co-author Networks）；（4）基于文献共同被引用关系的共被引网络（Co-citation Networks）；（5）基于文献具有相同参考文献关系的耦合网络（Bibliographic Coupling Networks）。在 Newman 分类的基础上，作者合著网络属于社会网络，其余四种网络属于信息网络。从网络构建的角度来看，引文网络和作者合著网络是基于客观事实构建的真实存在的知识网络；而共词网络、共被引网络和耦合网络是基于关键词或文献之间的共现关系二次构建的人工合成网络。

（二）引文网络研究与共被引图谱分析

Garfield 于 1964 年提出科学引文索引，成为知识图谱发展历程中的关键点。引文索引利用引文提供的线索，来帮助查找内容相关但可能被文本索引漏掉的文献。假如文献 A 的参考文献中包含文献 B，那么我们称文献 A 引用文献 B，或文献 B 被文献 A 引用。假如文献 A 同时引用文献 B 和文献 C，那么文献 B 和文献 C 称为被文献 A 共引。文献被引和共被引关系，可以延伸到作者被引和共被引的定义中。宏观尺度上常见的被引单元包括学科领域、学术机构和国家地区等，微观尺度上的被引单元包括关键词、短语、语句等。从科学数据的角度来看，被引单元还可以为原始数据。例如，天文学文献中的各种天体，如星体、类星体、星系等；再如，生物医学中的基因、药物、蛋白质等。

引文网络在引文索引的基础上构建，表现知识的前后承接关系，是应用最广泛、研究最深入、工具最普及的一种知识网络。物理学和情报学家 Price 于 1965 年发表于 *Science* 的关于科学文献中的引文网络结构属性的著名文章①，奠定了对知识网络拓扑结构和演化特征进行

---

① Price D. J., "Networks of Scientific Papers", *Science*, No. 149, 1965, pp. 510 – 515.

分析的基础。引文网络以及其他知识网络中的网络节点，一般为文献中承载知识的知识单元，即知识实体（Knowledge Entities）①。知识实体之间的关系为引证关系，根据引证关系的有向性，可以分为有向的直接引证关系、无向（两端对等）的共被引关系和耦合关系。

1973 年，Small② 和 Marshakova③ 分别提出文献共被引分析方法（Document Co-citation Analysis，DCA），其基本定义为：当两篇文章同时被第三篇文章引用时，这两篇文章存在共被引关系。共被引分析的基本假设是，被引单元之间的内在联系能够从大量的共被引现象中体现出来。换言之，如果文献 A 和文献 B 之间存在某种联系，而文献 A 和文献 C 之间没有联系，那么在经过一段时间以后，文献 A 和文献 B 的共被引频率将会在统计的意义上超过文献 A 和文献 C 的被引频率。当然，不同学科或者不同领域之间的相互比较需要极为谨慎。例如，自然科学学科如物理学领域的论文的被引次数，可以轻易达到成百上千次，而只有很少一部分人文和社会科学学科领域的论文能够达到这样的被引程度。引文指标设计的通常处理方法是，根据不同学科领域固有的发文和引证特征进行标准化。

DCA 分析方法的创始人和主要代表人物为 Henry Small④。DCA 的分析单元是被引文献，主要应用是确定一个科学领域的宏观结构。宏观结构的组成常常由因子分析（Factor Analysis）或聚类算法来识别，每个组成部分可以理解为一个科研主题。

---

① Ding Y., Song M. and Han J., "Entitymetrics: Measuring the Impact of Entities", *PloSOne*, Vol. 8, No. 8, 2013, pp. e71416.

② Small H., "Co-citation in the Scientific Literature: A New Measure of the Relationship between two Documents", *Journal of the American Society for Information Science*, Vol. 24, No. 4, 1973, pp. 265 – 269.

③ Marshakova I. V., "System of Document Connections based on References", *Nauchno-Tekhnicheskaya Informatsiya Seriya 2 – Informatsionnye Protsessy I Sistemy*, No. 6, 1973, pp. 3 – 8.

④ Small H., "Visualizing Science by Citation Mapping", *Journal of the Association for Information Science and Technology*, Vol. 50, No. 9, 1999, pp. 799 – 813.

1981 年，White 和 Griffith[①] 合作发表文章提出作者共被引分析方法（Author Co-citation Analysis, ACA），其基本定义与文献共被引关系类似。期刊共被引的定义依此类推。ACA 方法分析被引作者之间的共被引强度，以共被引关系作为自组织机制，来勾画一个科学领域中科研群体的分布状态。常用分析工具包括多元分析法，如因子分析、主成分分析（Principle Component Analysis, PCA）；以及各种聚类分析算法和多维尺度分析（Multi-dimensional Scaling, MDS）。1990 年，McCain[②] 提出 ACA 分析的六步过程：选择共被引作者、检索共被引频次、构造共被引矩阵、转化为相关系数矩阵、多元分析和结果解释。

类比 DCA 方法，ACA 方法的主要应用是，客观地确定一个科学领域中科研群体的宏观结构，以及宏观结构中每个组成部分的本质特征，每个组成部分可以理解为一个科学共同体，或者称为科研社群。DCA 的最小分析单元是文献，ACA 的最小分析单元是作者，由于分析粒度的不同，两者具有不同的适用性。有些问题只适用于由 DCA 方法解决，而 ACA 分析无法回答，例如，一个高被引作者是因为哪些成果而被科研社群所认可。尤其对于在诸多领域均有突出成就的多栖科学家，DCA 方法更适合于区分作者的综合实力和在具体某个科研主题上的贡献。

共被引分析的其他代表性研究有 White 和 McCain[③] 所绘制的情报学领域的多维尺度图谱；Small[④] 的科学学科之间的共被引网络；

---

①　White H. D. and Griffith B. C. , "Author Cocitation: A Literature Measure of Intellectual Structure", *Journal of the American Society for Information Science*, Vol. 32, No. 3, 1981, pp. 163 – 171.

②　McCain K. W. , "Mapping Authors in Intellectual Space: A Technical Overview", *Journal of the American Society for Information Science*, Vol. 41, No. 6, 1990, pp. 433.

③　White H. D. and McCain K. W. , "Visualizing a Discipline: An Author co-citation-analysis of Information Science, 1972 – 1995", *Journal of the American Society for Information Science*, Vol. 49, No. 4, 1998, pp. 327 – 355.

④　Small H. , "Visualizing Science by Citation Mapping", *Journal of the Association for Information Science and Technology*, Vol. 50, No. 9, 1999, pp. 799 – 813.

Chen 的系列文章，分别关于超弦理论①、大规模物种灭绝和恐怖主义问题②、诺贝尔获奖者的研究③等，均探讨了学科领域中科研主题在宏观尺度上的演变过程。共被引图谱分析和可视化工具的开发十分成熟，主流软件有 Pajek④、UCINET⑤、CiteSpace⑥、Sci2⑦、VOSviewer⑧ 和 Gephi⑨ 等。

（三）共词网络研究与共词图谱分析

共词分析早期由 Callon⑩ 引入情报学领域，基于共词分析的科研主题演化研究主要以关键词频次和共现频次量化计算为基础，根据

① Chen C. , "Searching for Intellectual Turning Points: Progressive Knowledge Domain Visualization", *Proceedings of the National Academy of Sciences*, Vol. 101, No. suppl 1, 2004, pp. 5303 – 5310.

② Chen C. , "Cite Space Ⅱ: Detecting and Visualizing Emerging Trends and Transient Patterns in Scientific Literature", *Journal of the American Society for Information Science and Technology*, Vol. 57, No. 3, 2006, pp. 359 – 377.

③ Chen C. , Chen Y. and Horowitz M. , "Towards an Explanatory Andcomputational Theory of Scientific Discovery", *Journal of Informetrics*, Vol. 3, No. 3, 2009, pp. 191 – 209.

④ De Nooy W. , Mrvar A. and Batagelj V. , *Exploratory Social Network Analysis with Pajek*, Cambridge: Cambridge University Press, 2011.

⑤ Borgatti S. P. , Everett M. G. and Johnson J. C. , *Analyzing Social Networks*, SAGEPublications Limited, 2013.

⑥ 陈悦、陈超美、胡志刚等：《引文空间分析原理与应用：CiteSpace 实用指南》，科学出版社 2014 年版。

⑦ Weingart S. , Guo H. and Börner K. , "Science of Science (Sci2) Tool User Manual", Cyberinfrastructure for Network Science Center, School of Library and Information Science, Indiana University, Bloomington (September 2016), https://sci2. cns. iu. edu/user/documentation. php.

⑧ Van Eck N. J. and Waltman L. , "Software Survey: VOSviewer, a Computer Program for Bibliometric Mapping", *Scientometrics*, Vol. 84, No. 2, 2010, pp. 523 – 538.

⑨ Bastian M. , Heymann S. and Jacomy M. , "Gephi: An Open Source Software for Exploring and Manipulating Networks", Third International AAAI Conference on Weblogs and Social Media, San Jose, California, May 17 – 20, 2009.

⑩ Callon M. , Courtial J. P. and Turner W. A. , et al. , "From Translations to Problematic Networks: An Introduction to Co-word Analysis", *Social Science Information*, Vol. 22, No. 2, 1983, pp. 191 – 235.

关键词词对之间关联强度的大小聚集成主题聚类，在此基础上计算不同时期主题的亲疏关系，或者分别绘制不同时期的科研主题网络图谱，以分析科研主题的演化过程。[①] Callon 指出，共被引分析只能间接地描述科学文献内容的变化，而不能直接深入文献内部，而共词分析法则直接以词语作为分析单元，在内容分析层面更为直接而深入。共词分析法的前身为词频分析。词频分析方法抽取关键词或主题词来表达文献的核心内容，并假设某一科研主题中出现的高频关键词能够反映该主题的研究热点和发展动向。相比于词频分析法，共词分析不仅分析高频关键词，更关注的是关键词之间的联系，而关键词之间的共现关系反映的是主题概念之间的联系。共词分析法不仅可以描绘特定科学领域的知识结构，还能够结合时间标签揭示科研主题的演化历程。

共词网络利用共词矩阵构建，随着复杂网络和社会网络方法论引入情报学领域，基于共词网络的科学领域结构研究逐渐被学者们所接纳。共词分析由传统的基于战略坐标（Strategic Diagram）和多维尺度分析（MDS）的团簇分析，转向基于网络的词汇分析。共词网络本质上，是对 Brookes[②] 认知地图思想的体现。静态的共词网络反映的是特定科研群体的认知结构，动态的共词网络则反映的是特定科研主题随时间的发展过程。科研主题演化中的微小变化最终都会从词汇上得以体现，例如，新发表的文章带来了新的共现词汇，或者增加了已有共现词汇的词频。如果新发表的文献集中于同一科研主题，那么相似词对之间的共现频率则会增加，这正是利用非相关文献进行知识发现的逻辑基础。由此来看，共词网络及其演化过程，不仅可以表示科学知识网络的结构，还能用于潜在知识发现、前沿热点识别和科学发展预测。将上述结果进行可视化表达，便形成了共词图谱。

---

① 叶春蕾、冷伏海：《基于共词分析的学科主题演化方法改进研究》，《情报理论与实践》2012 年第 35 卷第 3 期。

② Brookes B. C. , "The Foundations of Information Science (Part IV)", *Journal of Information Science*, No. 3, 1981, pp. 3 – 12.

共词图谱分析主要应用于发现学科知识结构[①]、领域前沿识别[②]和新兴趋势探测。[③] Mane 等[④]应用 Kleinberg 突破检测算法选择高频词进行共词分析，绘制了 PNAS 期刊 1982—2001 年的共词主题图谱，并借助该图谱识别主要的研究主题及其发展趋势。张晗等[⑤]对生物信息学文献进行共词聚类，首先得到该领域研究的热点主题，随后利用战略坐标图进一步分析各主题的发展演化阶段。马费成等[⑥]对国内生命周期理论的研究现状进行共词分析，以高频关键词共词矩阵为基础绘制生命周期理论研究知识图谱，展示了该领域的研究范围、研究热点和主题结构，后续则应用战略坐标图和概念网络分析法，进一步完善了对国内生命周期理论研究的认识。

四 词语迁移相关研究

(一) 创新扩散研究

词语迁移研究本质上反映的是与词语相关的创新的扩散、演化与再创新。创新扩散是指创新经历一定的时间、在特定社会系统中的成员间通过某种渠道进行传播的过程[⑦]。创新扩散理论（Diffusion of Innovations）早期由美国传播学学者 E. M. Rogers 完善并普

---

① He Q. , " Knowledge Discovery Through Co-word Analysis ", *Library Trends*, Vol. 48, No. 1, 1999, pp. 133 – 159.

② 郑彦宁、许晓阳、刘志辉：《基于关键词共现的研究前沿识别方法研究》，《图书情报工作》2016 年第 60 卷第 4 期。

③ Wang X. , Cheng Q. and Lu W. , "Analyzing Evolution of Research Topics with NE-Viewer：A New Method Based on Dynamic Co-word Networks", *Scientometrics*, Vol. 101, No. 2, 2014, pp. 1253 – 1271.

④ Mane K. K. and Börner K. , "Mapping Topics and Topic Bursts in PNAS", *Proceedings of the National Academy of Sciences*, 2004, Vol. 101, No. suppl 1, pp. 5287 – 5290.

⑤ 张晗、崔雷：《生物信息学的共词分析研究》，《情报学报》2003 年第 22 卷第 5 期。

⑥ 马费成、望俊成、张于涛：《国内生命周期理论研究知识图谱绘制》，《情报科学》2010 年第 28 卷第 3 期。

⑦ Rogers E. M. , *Diffusion of Innovations*, *5th Edition*, Simon and Schuster, 2003.

及，该理论阐述了创新扩散过程的各个环节，涵盖了不同的文化、受众及创新实体，一定程度上揭示了人类社会的变迁历程。创新扩散理论自提出以来，理论内容不断丰富，研究范围不断拓展，随着跨学科、跨领域交流合作的日益深化，现已被广泛应用于传播学、社会学、语言学、管理学等多个学科领域。目前，基于创新扩散理论的创新扩散研究主要覆盖创新扩散规律、影响因素和模型研究三种类型。

1. 创新扩散规律研究

创新的采纳过程会形成一条累积曲线，称为扩散曲线。扩散曲线往往被用于揭示或者预测某项创新所处的扩散阶段。包含创新扩散各个阶段的扩散曲线通常呈现出 S 形，因此也称 S 形曲线（或 S 形扩散曲线）。创新扩散规律研究通常绘制某项创新的扩散曲线，通过对扩散趋势、关键节点的分析，与 S 形曲线进行对比，从而对创新扩散规律进行验证或补充。例如，张小强和杜佳汇[①]对新媒体研究领域 1996—2015 年间的期刊论文进行统计分析，绘制新媒体研究论文累积增长曲线、核心关键词扩散曲线和不同扩散阶段形成的关键词共现网络，分析指出新媒体研究在学界的扩散过程与 S 形扩散曲线基本吻合。宋歌[②]对结构洞理论的扩散过程进行研究，统计 1992—2013 年采纳该创新的累积篇数，根据采纳速度、累积采纳数等数据绘制扩散曲线，研究表明结构洞理论的发展过程符合 S 形扩散曲线。从扩散阶段来看，1992—2007 年为扩散的起步阶段，2007—2013 年为起飞阶段，成熟阶段和衰退阶段还未显现。Jin 等[③]对 S 形曲线的早期生长规律进行研究，基于手机使用、汽车销售、手机应用软件和科学文献四组扩散数据，得出 S 形扩散曲线的早期

①　张小强、杜佳汇：《中国大陆"新媒体研究"创新的扩散：曲线趋势、关键节点与知识网络》，《国际新闻界》2017 年第 7 期。

②　宋歌：《学术创新的扩散过程研究》，《中国图书馆学报》2015 年第 1 期。

③　Jin C., Song C. and Bjelland J., et al., "Emergence of Scaling in Complex Substitutive Systems", *Nature Human Behaviour*, Vol. 3, No. 8, 2019, pp. 837 – 846.

生长遵循非整数次幂的幂律（Power Law）分布规律。

创新扩散过程中，个体是否采纳创新会受到自身社会关系或所在社会系统中的意见领袖的影响。社会网络分析法（Social Network Analysis）是研究社会网络中节点及其关系的一种量化研究方法，在创新扩散研究中，通常使用社会网络分析中的中心性分析描述网络中节点的影响力。通过中心度与中心势的数值可以较为直观地区分出社会网络中的意见领袖[①]，这类节点对创新扩散速度和广度产生关键影响，起到加速创新扩散的作用。另有学者基于仿真随机网络考察意见领袖在创新扩散中的作用：李红和孙绍荣[②]分别基于随机网络、小世界网络和无标度网络构建创新扩散仿真系统，探讨创新扩散的动力学机制。随机试验表明，创新节点的影响力越大，创新扩散得越快。意见领袖在创新扩散的过程中具有杠杆作用，能够加速创新在人际网络中的传播。

社会网络中不同个体之间在人生观、信仰、教育程度等方面的相似程度称为同质性，相对地，其差异程度称为异质性。黄玮强和庄新田[③]基于 ER 随机图模型构建创新扩散随机网络，用创新采纳的临界值来反映采纳个体的异质性。通过模拟实验发现，潜在采纳个体从同质邻居处获得评价信息的倾向性越高，越有利于创新在系统内形成扩散，倾向性与采纳比例为正相关关系。在固定的采纳周期下，随着网络规模的增大，采纳比例呈现周期性波动的特点，并且这种周期性波动一直持续到创新扩散活动结束。创新在同质个体之间的传播更有效，同质沟通可以加速扩散过程，但是扩散范围局限在同一社会网络之中；

① Andrade M. T. T., Braga P. and Carneiro T. K. G., et al., "Contextualized Analysis of Social Networks: Collaboration in Scientific Communities", *Social Networking*, No. 3, 2014, pp. 71 – 79.

② 李红、孙绍荣:《基于复杂网络的创新扩散研究》,《科技进步与对策》2007年第4期。

③ 黄玮强、庄新田:《基于随机网络的创新扩散研究》,《管理学报》2007年第9卷第4期。

异质沟通很少发生，却可以跨社会网络在不同群体之间传递信息。异质沟通因其稀有性，被称为"弱连接"（Weak Tie），人际沟通中的弱连接对创新扩散具有重要意义。测量社会网络中的结构洞是识别弱连接的典型方式，代表性研究：Liu 等[①]以中国科学院和美国的五所研究机构为实证对象，采集其在纳米技术领域的 SCI 收录文献，利用 Cox 回归模型对研究人员学术成果的扩散程度与社会网络测度指标之间的相关关系进行分析。实证结果表明，结构洞测量和点度中心性两个指标能够最好地解释全部六个机构中的创新扩散机制。个人在社会网络中的地位会影响创新扩散效果，具有较高学术地位（学位、职称、被引量）的研究人员，其观点会有更多的传播机会。此外，具有同等学术地位的研究人员之间的联系较为频繁，具有跨领域学术背景的作者通常能够获得较高的被引。研究结果表明，纳米技术领域的创新扩散主要通过群体内的同质交流和不同群体之间的知识重组来实现。

2. 创新扩散影响因素研究

得以形成广泛扩散的创新一般具有五个特性，即相对优势、相容性、复杂性、可试验性和可观察性。这五个特性对创新的被采纳率以及创新扩散的速率产生关键影响，是具有普适性的创新扩散影响因素。从这五个特性出发，学者们对特定环境下结合具体案例的创新扩散影响因素展开研究：Mehmood 等[②]提出了一种变量分析模型用来预测创新在不同扩散阶段被采纳的情况，主要从时间、项目、采纳者三个可变因素出发，分析互联网信息扩散以及社交网络中信息的扩散过程，并预测了采纳互联网热门信息的人数。Siebert[③] 提出

① Liu X., Jiang S. and Chen H. C., et al., "Modeling Knowledge Diffusion in Scientific Innovation Networks: An Institutional Comparison between China and US with Illustration for Nanotechnology", *Scientometrics*, Vol. 105, No. 3, 2015, pp. 1953 – 1984.

② Mehmood Y., Barbieri N. and Bonchi F., "Modeling Adoptions and the Stages of the Diffusion of Innovations", *Knowledge and Information Systems*, Vol. 48, No. 1, 2016, pp. 1 – 27.

③ Siebert H., *Regional and Urban Economics*, London: Penguin Books, 1969.

了技术扩散空间理论，他强调区域的异质性，指出技术扩散不仅会受到技术的发明者、接受者以及交流方式的影响，还与人口密度、地理邻近等因素有关。

Merhi[1] 基于创新扩散理论和技术接受模型研究了高校学生对播课（Podcast）的采纳情况，发现相对优势、感知有用性、感知愉悦性、感知自我效能等因素对学生使用 Podcast 的意愿产生显著影响。王京山[2]通过调研发现，阅读习惯、支付、版权等是影响电子图书推广的主要因素，外部因素如技术、经济、政治等也会影响电子图书的传播与发展。王思[3]对共享单车采纳意愿的影响因素进行调研，选择 10 位共享单车用户进行深度访谈，同时发放并回收了 400 份调查问卷。由访谈和问卷调查结果发现，相对优势、兼容性、易用性是用户采纳共享单车的主要原因，传播渠道的多元化是影响共享单车扩散的一个不可忽略的因素，此外，积极推广也是影响因素之一。Zhang 等[4]针对一项电子医疗服务的采纳情况进行了为期 29 个月的纵向研究，发现 95% 的患者并未采纳网上预约服务。基于创新扩散理论分析原因，得出交互程度不足、感知价值低、匹配度低以及患者能力、资源有限等因素是导致网上预约服务采纳率较低的主要原因。

另有一部分学者探究了经济因素、政策导向、技术发展与扩散媒介等外部环境因素对创新扩散效率的影响。比如，曹树金与

---

① Merhi M. I. , "Factors Influencing Higher Education Students to Adopt Podcast: An Empirical Study", *Computers & Education*, Vol. 83, 2015, pp. 32 – 43.

② 王京山：《从创新扩散理论看电子图书发展的影响因素》，《图书馆理论与实践》2006 年第 6 期。

③ 王思：《共享单车创新扩散过程及其影响因素分析》，《武汉交通职业学院学报》2018 年第 12 期。

④ Zhang X. , Yu P. and Yan J. , et al. , "Using Diffusion of Innovation Theory to Understand the Factors Impacting Patient Acceptance and Use of Consumer E-Health Innovations: A Case Study in a Primary Care Clinic", *BMC Health Services Research*, Vol. 15, No. 1, 2015, p. 71.

王志红① 以创新扩散理论和 TOE（Technology-Organization-Environment）框架为基础，以上海交通大学为例分析资源发现系统创新扩散机制。研究发现，用户、资源、技术和环境四个方面为重要影响因素。其中信息资源是基础，用户需求是核心，信息技术是手段。

除了创新自身的五个特性外，潜在采纳者自身的属性如接受创新的主观意愿、从众心理等对创新采纳率也有着重要影响。赵栋祥② 构建了移动健康管理服务使用意愿影响因素模型，使用问卷调查的形式调查用户对移动健康管理服务的感知和需求。研究发现，就个体层面而言，用户的个人创新、自我效能、信任感知、风险感知、行为控制和隐私顾虑等因素会影响创新的扩散。Susarla 等③ 对社会网络中用户生成内容（User Generated Content，UGC）的传播机制进行研究，发现个体的自我意识行为、选择喜好以及个体之间的差异性是 UGC 传播的主要影响因素。顾桂芳等④ 对从众行为在社会媒体环境下影响创新扩散的机理进行了研究，将从众行为分解为从众搜索、从众转换和信息传播三个要素，发现在社会媒体环境下，从众搜索和从众转换影响创新扩散的方向，信息传播结构影响创新扩散的速率。

3. 创新扩散模型研究

创新扩散的影响因素之间往往具有错综复杂的关系，建立模型可以对这些因素加以控制和模拟，从而更好地考察创新的扩散过程。创新扩散模型研究主要包括 Bass 模型、网络模型和种群演化模型三类。

---

① 曹树金、王志红：《高校图书馆资源发现系统创新扩散机制研究》，《图书情报研究》2016 年第 9 卷第 1 期。

② 赵栋祥：《移动健康管理服务意愿的影响因素研究——基于创新扩散的视角》，《情报杂志》2017 年第 36 卷第 11 期。

③ Susarla A., Oh J. H. and Tan Y., "Social Networks and the Diffusion of User Generated Content: Evidence from YouTube", *Information Systems Research*, Vol. 23, No. 1, 2012, pp. 23 – 41.

④ 顾桂芳、胡恩华、李文元：《社会媒体参与下从众行为对管理创新扩散的影响》，《科技进步与对策》2016 年第 9 卷第 17 期。

（1）Bass 模型

Bass[①] 通过对 11 种消费品中耐用品的扩散情况进行研究，结合外部和内部影响因素，构建了新产品扩散的 Bass 模型。Bass 模型假定潜在的创新采纳者受到大众传媒和人际间口头传递两种传播渠道的影响，并假定扩散过程前期与后期的采纳速度呈中心对称分布，可类比于 S 形曲线所呈现的图形。Bass 模型主要对三个因素进行预测，对应扩散模型的三个参数：创新系数（Innovation Coefficient）、模仿系数（Imitation Coefficient）和市场潜力（Market Potential）。

Bass 模型最早被用于市场产品的分析与预测，关注宏观的扩散变化趋势，在创新扩散模型中具有代表性且简明易用[②]，因此被广泛用作构建其他创新扩散模型的基础。例如，霍良安等[③]基于 Bass 模型构建了新媒体渠道下两种广告信息的扩散模型，该模型对两种产品的市场竞争环境进行仿真模拟，得出新产品要想占据更多的市场份额，一方面需要注重产品的口碑，另一方面应强化产品信息在新媒体的扩散力度。王砚羽和谢伟[④]探讨了 Bass 模型在服务创新领域的改进和应用，构建电子商务平台规模分析与预测的分角色两阶段 Bass 模型。何维达等[⑤]对 Bass 模型进行拓展，建立了平台产品动态扩散模型，引入双边用户间的间接网络效应，提出了新产品在潜在市场规模扩张起飞前和起飞后的最佳定价策略。另有部分学者对 Bass 模型中的扩散影响因素进行补充和修正。例如加入广告影响因

---

① Bass F. M. , "A New Product Growth for Model Consumer Durables", *Management Science*, Vol. 15, No. 5, 1969, pp. 215 – 227.

② Fok D. and Franses P. H. , "Modeling the Diffusion of Scientific Publications", *Journal of Econometrics*, Vol. 139, No. 2, 2007, pp. 376 – 390.

③ 霍良安、丁凡、蒋杰辉等：《新媒介影响下的创新产品信息扩散模型研究》，《数学的实践与认识》2018 年第 5 期。

④ 王砚羽、谢伟：《电子商务模仿创新的分角色两阶段 Bass 模型及应用》，《科学与科学技术管理》2013 年第 34 卷第 2 期。

⑤ 何维达、何丹、张孟：《平台产品动态扩散形态与定价研究——基于 BASS 模型》，《技术经济》2010 年第 29 卷第 9 期。

素的新产品市场扩散模型、竞争模型和市场增长模型①，考虑价格变量的广义 Bass 模型（Generalized Bass Model，GBM）②，引入重复购买因素的多代创新扩散模型③等。

（2）网络模型

网络模型基于社会网络分析中的扩散和系谱理论而建立，从真实的扩散网络出发，能够实时再现创新扩散的动态过程。Gao 和 Guan④ 介绍了一种结合社会网络分析、网络可视化和引文分析方法的时间序列扩散网络模型，该模型可以显示单篇论文之间的具体路径和关联，以引文网络视角来考察创新的扩散过程。曹霞等⑤构建了基于社会网络结构的创新扩散仿真模型，模型包括内部动力博弈模型和外部动力网络结构模型两种，将博弈行为随机分配给网络中的各主体，赋值 1 为采纳创新技术，赋值 0 为维持原有技术。将信息获取、领导者创新能力和机会利益作为动力因子，考察创新扩散的动力机制。Rong 和 Mei⑥ 构建了一个集竞争创新网络、合作创新网络、社会网络于一体的综合性创新扩散网络，用以考察创新之间的内在联系对用户采纳行为的影响。将计算机科学领域中的算法作为创新实体，文本中互可替代的算法构成竞争创新网络，互相兼容的算法构成合作创新网络，基于用户之间的引用行为构建社会网络。

---

① Feichtinger G., Hartl R. F. and Sethi S. P., "Dynamic Optimal Control Models in Advertising: Recent Development", *Management Science*, Vol. 40, No. 2, 1994, pp. 195 – 226.

② Bass F. M. and Krishnan T. V., Jain D. C., "Why the Bass Model Fits Without Decision Variables", *Marketing Science*, Vol. 13, No. 2, 1994, pp. 203 – 223.

③ 董景荣、吴燕燕、陈宇科：《基于蚁群算法的重复购买多代创新扩散模型及其实证研究》，《中国管理科学》2010 年第 18 期（专辑）。

④ Gao X. and Guan J., "Network Model of Knowledge Diffusion", *Scientometrics*, Vol. 90, No. 3, 2012, pp. 749 – 762.

⑤ 曹霞、张路、刘国巍：《基于社会网络结构的创新扩散动力机制及仿真研究》，《运筹与管理》2018 年第 5 卷第 5 期。

⑥ Rong X. and Mei Q., "Diffusion of Innovations Revisited: From Social Network to Innovation Network", *Proceedings of the 22nd ACM International Conference on Information & Knowledge Management.* ACM, 2013, pp. 499 – 508.

对该网络的实证分析结果表明，创新网络中，创新采纳率较大程度上受到竞争创新数量、合作创新数量和以往用户采纳率的影响。

（3）种群演化模型

由于创新扩散的采纳速率符合 S 形曲线，与生物学种群演化中的逻辑生长（Logistic Growth）函数相似，因此 Logistic 模型常被借鉴用来描述创新扩散的过程与状态。Loch 和 Huberman[1]将生物学的物种进化模型和物理学的均衡模型相结合，探讨旧技术对新技术扩散的影响，发现新技术的扩散主要受到当前用户对旧技术的依赖程度、对新技术的学习能力以及对新技术稳定性的未来期望等因素的影响。聂荣等[2]引用 Logistic 方程来描述技术创新的扩散过程，模拟市场环境，考虑技术自身的创新性、市场需求以及竞争者等因素，描述了单技术扩散曲线，并提出了网络式和辐射式两种扩散模式。卢燕群和何永芳[3]以传染病模型为基础构建了技术创新扩散模型，基于中国专利数据库构建企业间的合作专利创新网络。仿真结果表明，网络结构和网络规模会影响创新扩散过程，感染强度会影响扩散速度和范围。邵云飞等[4]借鉴生态学上关于种群生存竞争的 Lotka-Voltera 模型，构建了产业集群创新竞争扩散的理论模型，该模型分析了扩散的平衡点和稳定性，以此来揭示企业的学习能力和企业间的交流对创新扩散的影响，并将该模型应用到家具产业集群的具体实践中。

（二）科学知识扩散

科学知识扩散是创新扩散的其中一种类型，主要考察科学观点

---

① Loch C. H. and Huberman B. A. , "A Punctuated-equilibrium Model of Technology Diffusion", *Management Science*, Vol. 2, No. 45, 1999, pp. 160–177.

② 聂荣、钱克明、潘德惠：《基于 Logistic 方程的创新技术传播模式及其稳定性分析》，《管理工程学报》2006 年第 20 卷第 1 期。

③ 卢燕群、何永芳：《基于个体博弈的企业集群技术创新扩散模型研究》，《统计与决策》2018 年第 8 卷第 15 期。

④ 邵云飞、范群林、唐小我：《产业集群创新的竞争扩散模型研究》，《科学学与科学技术管理》2010 年第 31 卷第 12 期。

或概念在科学文献之间的流动过程。词语迁移反映相同词语分布于不同主题当中的现象，科研主题演化过程中的词语迁移与科学知识扩散之间具有一种包含关系，如图 1-1 所示。词语在不同主题当中迁移时，未必一定伴随着知识扩散的发生，而可能只是不同的主题使用了相同的词语，并与不同的研究问题相联系；但当科学知识（比如一个新兴的科学概念或者观点）由一个主题扩散到其他主题当中时，往往伴随着的是相同词语在不同主题当中的迁移活动。词语迁移与知识扩散之所以相关但不相同的本质原因在于，词语具有多义性，而一个科学观点往往指代明确，主要围绕一类相关的语义和应用。在这种区别之下，一个词语（或一个词组）可以与多个科学理论、方法、技术和应用相联系，具体与哪一类科学知识相联系，则通过词语所处的上下文语境来判断。

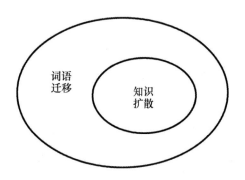

图 1-1   词语迁移与知识扩散

情报学中知识扩散的概念最早产生于图书馆领域，其后广泛应用于教育学、社会学、人类学、市场营销学中的扩散理论（Diffusion Theory）被用于解释信息服务中知识、技术的扩散与共享特性。[①] 现有知识扩散研究按照研究内容的不同，主要分为组织知识扩散和科

①   Chatman E. A. , "Diffusion Theory: A Review and Test of a Conceptual Model in Information Diffusion", *Journal of the American Society for Information Science* , Vol. 37, No. 6, 1986, pp. 377 – 386.

学知识扩散，其中组织知识扩散涵盖组织知识创新和技术扩散[1]，科学知识扩散则主要研究观点概念在科学文献之间的流动过程，因此也有研究将知识扩散称为"知识交流"[2] 或"知识流动"[3]。长久以来，图书情报学一直在研究文献单元、信息单元、知识单元之间的内在联系，从而更好地组织、导航、检索和利用文献信息资源。[4] 科学文献数据存储规范、易于获取，因而以文献为载体的科学知识扩散现象持续受到学界的广泛关注和深入调研。

　　科学知识扩散可定义为科学出版物中所记录的知识的改变和应用[5]，其扩散的基本链条包含三个部分：扩散源头、扩散媒介及扩散目标。[6] 早期的科学知识扩散研究始于对观点扩散现象的关注，有学者提出观点的扩散可模仿传染病学中的疾病传播过程[7]，也有学者将观点扩散类比于固体热传导的物理学过程[8]，用以解释布拉德福

[1]　Cassi L., Corrocher N. and Malerba F., et al., "The Impact of EU-funded Research Networks on Knowledge Diffusion at the Regional Level", *Research Evaluation*, Vol. 17, No. 4, 2008, pp. 283 – 293. Chen C., "Holistic Sense-making: Conflicting Opinions, Creative Ideas, and Collective Intelligence", *Library Hi Tech*, Vol. 25, No. 3, 2007, pp. 311 – 327. Leydesdorff L. and Rafols I., "Local Emergence and Global Diffusion of Research Technologies: An Exploration of Patterns of Network Formation", *Journal of the American Society for Information Science and Technology*, Vol. 62, No. 5, 2011, pp. 846 – 860.

[2]　张勤、马费成：《国内知识管理领域知识交流结构研究——基于核心作者互引网络的分析》，《情报学报》2012 年第 31 卷第 9 期。

[3]　Sorenson O., Rivikin J. W. and Fleming L., "Complexity, Networks and Knowledge Flow", *Research Policy*, Vol. 35, No. 7, 2006, pp. 994 – 1017.

[4]　文庭孝、罗贤春、刘晓英等：《知识单元研究述评》，《中国图书馆学报》2011 年第 37 卷第 5 期。

[5]　Chen C. and Hicks D., "Tracing Knowledge Diffusion", *Scientometrics*, Vol. 59, No. 2, 2004, pp. 199 – 211.

[6]　Liu Y., Rafols I. and Rousseau R., "A Framework for Knowledge Integration and Diffusion", *Journal of Documentation*, Vol. 68, No. 1, 2012, pp. 31 – 44.

[7]　Goffman W., "Mathematical Approach to the Spread of Scientific Ideas—The History of Mast cell Research", *Nature*, Vol. 212, No. 5061, 1966, pp. 449 – 452.

[8]　Avramescu A., "Coherent Informational Energy and Entropy", *Journal of Documentation*, Vol. 36, No. 4, 1980, pp. 293 – 312.

定律所描述的离散分布规律。但知识的扩散研究不可直接照搬其他学科中的扩散过程，比如物理过程遵循能量守恒定律，扩散前后能量总和不变，而科学观点的扩散并不遵循这一原则①。把握科学知识扩散规律是厘清科学发展脉络、预测创新领域及发展趋势的有效途径；同时，科学知识扩散过程是动态变化的，研究科学知识扩散的演化机理及动力机制是洞察知识发展脉络的根本方法。

1. 科学知识扩散研究对象

科学知识扩散现有研究中的绝大部分为实证研究，探讨知识在扩散过程中形成的静态分布和历时演变。在实证中，扩散过程主要以文献引证和作者（或机构、国家）合著关系表示，扩散对象包括期刊、学科、科研人员等。对学科知识扩散的研究多基于期刊引证，两者联系紧密不宜割裂，因此本节将以期刊为对象的知识扩散研究涵盖在以学科领域为对象的知识扩散研究中进行阐述。

（1）学科领域

学科领域之间的知识扩散和吸收通常以被引和引用来表示。引证网络结构映射知识扩散状况，一个学科被其他学科引用表现为入度，引用其他学科表现为出度。在网络中具有高入度的学科是重要的基础领域，该类学科以高强度向其他学科扩散知识，可视为各学科发展的知识源和各学科联系的结合点。

Garfield② 于 1979 年利用 SCI 引文数据绘制了自然科学结构图，最早对学科间的知识扩散基础进行研究，并发现物理学、化学、生物医学是自然科学的三大基础领域。赵星等③对中国人文社会科学知识扩散状况的探析，是近年具有代表性的学科间知识扩散研究。他

---

① Le Coadic Y. F. , "Modeling the Communication, Distribution, Transmission or Transfer of Scientific Information", *Journal of Information Science*, Vol. 13, No. 3, 1987, pp. 143 – 148.

② Garfield E. , *Citation Indexing : Its Theory and Application in Science , Technology , and Humanities*, New York : Wiley, Vol. 8, 1979.

③ 赵星、谭旻、余小萍等：《我国文科领域知识扩散之引文网络探析》，《中国图书馆学报》2012 年第 38 卷第 201 期。

们利用从 CNKI 数据库采集的中国人文社科 2001—2010 年的引文记录，按照 CNKI 的学科领域划分标准，构建 82 个文科领域的引文网络，以有向 h 度模型探索学科节点属性，以社会网络中的核心—边缘二分模型分析整体网络结构。h 度分析结果表明，经济学、教育学、政治学、管理学是中国人文社会科学的知识源学科；各学科 h 度分布满足正态分布，这与包括文献引证网络在内的复杂网络普遍满足幂律度分布的特点有所不同，说明中国各文科领域知识扩散活跃程度大体处于相似量级。对 h 度正态分布给出的可能解释是，"马太效应"等机制不是影响学科领域发展的首要因素，学科演化具有相对稳定性，学科知识扩散主要取决于学科本身特点和历史传承。

大部分学科知识扩散研究与上述研究相似，主要是探析学科间的研究互动，辅以若干计量指标量化知识扩散的影响程度。Yu 等[①]研究了纳米科学与纳米技术（N&N）的知识扩散模式，通过 1998—2007 年期刊之间的引用关系从三个层面分析 N&N 与其他纳米相关学科之间的互动情况。第一，从学科整体的角度，考察推进 N&N 发展的主要驱动力量，分析结果表明，推进 N&N 学科发展的驱动力主要来自外部环境，而非来自 N&N 本身。第二，通过测算 N&N 与纳米相关学科之间的知识扩散强度，确定与 N&N 最密切相关的领域，结论是 N&N 除参考自己学科内部的知识以外，还吸收了材料科学、物理学、化学、电气与电子科学、冶金与冶金工程等学科的成果。第三，通过知识扩散速度衡量 N&N 和纳米相关学科之间的时间距离，结论包括：① N&N 学科内部的知识扩散速度最快；② 其他学科到 N&N 的知识扩散速度慢于 N&N 到其他学科的知识扩散速度，这说明 N&N 发展过程中与其他学科的知识扩散情况是不对称的。总体而言，N&N 已成长为一个开放的、动态的、成熟的交互式学科。

不论测度指标如何变换，目前主流的学科知识扩散研究的数据

---

① Yu G., Wang M. Y. and Yu D. R., "Characterizing Knowledge Diffusion of Nanoscience & Nanotechnology by Citation Analysis", *Scientometrics*, Vol. 84, No. 1, 2009, pp. 81 – 97.

基础都是引证频次。引证频次是学科之间知识流量的描述，但由于各学科固有特性的不同（尤其是自然科学和人文社会科学两大类的下属学科，在引证频次上有很大差别），以直接的引证频次来体现学科知识扩散程度具有片面性，所以通常会将引证频次进行标准化处理。Yu 等[1]使用的扩散强度和扩散速度分别是引证频次相对于总体和时间的标准化。类似的研究还有，魏海燕[2]从 CSSCI 采集了1998—2006 年 16 种图情核心期刊的参考文献和引证文献两方面数据，将与情报学相关的学科划分为高度相关、中度相关、一般相关和低度相关四类，使用学科影响度这一概念衡量学科相关性，其含义与知识扩散强度是相同的。

（2）科研作者

以科研作者为对象的知识扩散研究按照扩散单元的粒度可以分为作者、机构、国家地区三个层次，但由于作者从属于他所服务的机构，机构在地理上又位于其所处的国家或地区，因此机构之间和国家地区之间的知识扩散，实质上都是科研作者之间的知识扩散，三个层次的知识扩散研究可统一描述为以科研作者为对象的研究。

作者知识扩散研究可以从宏观和微观两个角度考察。宏观角度的作者知识扩散一般以构建作者合著或项目合作网络作为分析基础，作者间的知识扩散情况与合作网络的时序演化、网络拓扑结构质变、结构和位置属性动态紧密关联。Bettencourt 等[3]通过作者合著关系描绘了 8 个学科领域的合作网络随时间推移的演化过程。各领域的合作网络发展模式各不相同，有的领域从产生以来呈现爆发式生长，有的领域发展过程则比较缓慢。但无论其合作网络的发展路径如何，

---

① Yu G., Wang M. Y. and Yu D. R., "Characterizing Knowledge Diffusion of Nanoscience & Nanotechnology by Citation Analysis", *Scientometrics*, Vol. 84, No. 1, 2009, pp. 81 – 97.

② 魏海燕：《基于引文分析的情报学与相关学科的研究》，硕士学位论文，中南大学，2000 年。

③ Bettencourt L. M. A., Kaiser D. I. and Kaur J., "Scientific Discovery and Topological Transitions in Collaboration Networks", *Journal of Informetrics*, Vol. 3, No. 3, 2009, pp. 210 – 221.

其合作结构的时序演化重排都具有如下的普遍特性：一个领域从产生开始，其最初的合作结构通常是分散的非连通图，随着领域不断的发展和成熟，其合作结构会经历拓扑转型，最终演化为包含一个相当大的连通片的合作网络。Bettencourt 等统计网络密度、直径、连通片相对大小等属性来具体说明上述拓扑结构的质变，并指出：一个领域从产生到成熟，可以理解为作者们在初期进行离散的孤立的研究，之后逐渐交融形成统一认识的过程。

通过对合作网络结构进行观测和分析，探讨知识扩散的模式和机制，是一种普遍的研究设计思路①。比较典型的如 Gossart 和 Özman② 研究了土耳其各个大学的研究团体的作者合著网络，探讨土耳其人文社会科学界的知识扩散生态和研究输出情况。他们采集 SSCI 和土耳其本土的 ULAKBIM 两个数据库的数据作为研究样本，分别代表国际文献和国内文献。研究发现：合著网络的大部分成员都组成了各自独立的研究团体，而研究团体之间的合作很少，类似情况同样显现于大学与大学之间的合作；不仅如此，分属两个数据库的研究团体之间同样互动稀少，两个研究群落相互不关联，一些作者主要发表国际文献，另一些作者主要发表国内文献，这在一定程度上说明两个研究群落之间少有知识扩散的交互。

以上是对作者知识扩散宏观层面的考察。相对的，微观层面的考察主要关注作者个体的影响力，影响力越大，扩散能力越强。现有的研究多用 h 指数及其衍生指数来反映科学家的科研表现，从而量化分析作者的影响力。h 指数依据作者之间的相互引证情况来计算，从知识扩散角度来看，引用文献就是从发表该文献的作者的知

---

① Ozel B., "Collaboration Structure and Knowledge Diffusion in Turkish Management Academia", *Scientometrics*, Vol. 93, No. 1, 2012, pp. 183 – 206. Ozel B., "Individual Cognitive Structures and Collaboration Patterns in Academia", *Scientometrics*, Vol. 91, No. 2, 2012, pp. 539 – 555.

② Gossart C. and Özman M., "Co-authorship Networks in Social Sciences: The Case of Turkey", *Scientometrics*, Vol. 78, No. 2, 2008, pp. 323 – 345.

识储备中获益，知识扩散的方向是从被引作者指向施引作者，因此作者间的知识扩散除了以合作的形式体现，还可由作者引证网络反映①。然而作者影响力的大小实际上受到多重因素影响，单一以 h 指数或被引频次作为考量依据容易得到片面的分析结果。

另有研究对作者在引文网络中知识扩散的空间属性进行考察，结果表明，通过作者所属机构等位置信息分析不同国家、城市等地理坐标之间的知识扩散是可行的②。Wu③ 在此基础上考虑作者空间属性的量化问题，提出基于作者引文空间多样性的影响力排名，以国家和城市构成的空间多样性特征为作者之间的引证连接赋予权重，从更多不同的地理位置获得被引连接的作者，其空间多样性也就越强，说明其文章在世界范围内扩散得越广，影响力越大。需要注意的是，由于互联网的普及，在线文档容易获取，实际地理距离已不再是学者们引证文献时的一个障碍④，因此曾经使用的地理引证距离（Geographical Citing Distance）在当今学术环境下已不能准确反映作者的引证行为⑤。

除考虑实际距离以外，像 Wu 所做对空间属性的其他维度进行研究则更有意义。Ho 等⑥从隐性知识的角度，考察个人拥有的社会及学术资源对知识扩散的激励作用。隐性知识因其无形的特征，不

---

① Radicchi F. , Fortunato S. and Markines B. , et al. , "Diffusion of Scientific Credits and the Ranking of Scientists", *Physical Review E*, Vol. 80, No. 5, 2009, p. 056103.

② Frenken K. , Hardeman S. and Hoekman J. , "Spatial Scientometrics: Towards a Cumulative Research Program", *Journal of Informetrics*, Vol. 3, No. 3, 2009, pp. 222 – 232.

③ Wu J. , "Geographical Knowledge Diffusion and Spatial Diversity Citation Rank", *Scientometrics*, Vol. 94, No. 1, 2012, pp. 181 – 201.

④ Börner K. , Penumarthy S. and Meiss M. , et al. , "Mapping the Diffusion of Scholarly Knowledge Among Major US Research Institutions", *Scientometrics*, Vol. 68, No. 3, 2006, pp. 415 – 426.

⑤ Frenken K. , Hoekman J. and Kok S. , et al. , "Death of Distance in Science? A Gravity Approach to Research Collaboration", *Innovation Networks*, Heidelberg: Springer Berlin, 2009, pp. 43 – 57.

⑥ Ho M. H. C. and Liu J. S. , "The Motivations for Knowledge Transfer Across Borders: The Diffusion of Data Envelopment Analysis (DEA) Methodology", *Scientometrics*, Vol. 94, No. 1, 2012, pp. 397 – 421.

易通过引文网络考察，而更易被合著网络捕捉。因此 Ho 等构建的是
610 位研究人员组成的合著网络，并识别出作者的位置信息和研究
领域，运用回归模型和网络分析的方法，指出个人研究资历和研究
者的跨学科协作能力有助于知识在地区之间的扩散。作者属性的其
他方面，如：所在的机构、研究方向所属的学科领域、作者的学术
年龄等因素都会对知识扩散情况产生影响。Liu[①] 基于中国、俄罗
斯、印度作者合著网络，运用社会网络分析方法，研究作者属性对
纳米技术领域知识扩散的影响。分析指出，跨国研究较多的作者影
响着所有国家中的知识扩散，文化背景和所属机构的不同会对知识
扩散结果造成不同的影响[②]。综上，完善多方面因素共同作用的影响
力评价体系是作者知识扩散后续研究的一个突破点。

2. 科学知识扩散媒介与路径

无论是以学科领域，还是以科研作者为对象的知识扩散研究，
大多基于的或者是引证关系，或者是合著关系。也就是说，科学知
识扩散的媒介表征方式可归纳为文献引证和作者合著两类。其中，
基于文献引证关系的引文及引文网络分析是科学知识扩散的主流研
究方法，扩散路径的识别亦主要通过构建引文网络，并结合主路径
分析法对扩散主干进行抽取。

（1）扩散媒介

文献引证。一篇文献由若干部分组成，同时包含多重属性，如参
考文献、发表作者、来源期刊等，因此文献引证作为知识扩散的抽象
表示也是具有多重含义的，主要包括参考文献引证、作者引证、期刊

---

① Liu X., Kaza S. and Zhang P., et al., "Determining Inventor Status and Its Effect on Knowledge Diffusion: A study on Nanotechnology Literature from China, Russia, and India", *Journal of the American Society for Information Science and Technology*, Vol. 62, No. 6, 2011, pp. 1166 – 1176.

② Tang L. and Hu G., "Tracing the Footprint of Knowledge Spillover: Evidence from US-China Collaboration in Nanotechnology", *Journal of the American Society for Information Science and Technology*, Vol. 64, No. 9, 2013, pp. 1791 – 1801.

引证。引证关系中最基本的是直接引证。Lewison 等①基于直接引证关系调查了原本属于单一学科子领域的研究思想随着不断被引证而在领域间和地理上形成的扩散。他们以一组最初发表于英国的关节炎论文为研究案例，将后来引用了这组论文的文章按照年代顺序划分为四个世代，通过世代之间级联引证的变化，评价最初那组论文的"下游"影响力。研究表明：施引文献的国际化程度逐步增强，局限在最初的关节炎子领域的情况减少，相比于临床研究，更趋于基础研究；最初属于关节炎领域的思想，通过世代间的级联引证，逐渐扩散到生物医学的其他子领域，并同时在地理上形成扩散。Liu 和 Rousseau② 以高锟获得诺贝尔物理学奖的文章作为扩散源头，追踪其被引路径，揭示了光纤通信领域的发展演化轨迹。Zhang 等③分析了"h 指数"这一概念自 Hirsch 在 2005 年提出以来的扩散情况，指出尽管"h 指数"概念从提出以来其相关研究发展的时间并不长，但却引起了计量领域内外学者们广泛的兴趣和积极讨论，并在自然科学和社会科学的众多领域得到了实践应用。大部分以学科领域为对象和少数以科研作者为对象的知识扩散研究主要分析的都是直接引证关系。

直接引证关系可以变换为共引关系和耦合关系。其中，共引关系应用极为广泛，共引分析方法在 20 世纪 70 年代成为文献计量研究的标准方法之一后，一直是引文研究的主流方法④。然而在知识扩

---

① Lewison G., Rippon I. and Wooding S., "Tracking Knowledge Diffusion through Citations", *Research Evaluation*, Vol. 14, No. 1, 2005, pp. 5 – 14.

② Liu Y. and Rousseau R., "Towards a Representation of Diffusion and Interaction of Scientific Ideas：The Case of Fiber Optics Communication", *Information Processing & Management*, Vol. 48, No. 4, 2012, pp. 791 – 801.

③ Zhang L., Thijs B. and Glänzel W., "The Diffusion of H-related Literature", *Journal of Informetrics*, Vol. 5, No. 4, 2011, pp. 583 – 593.

④ Boyack K. W. and Klavans R., "Co-citation Analysis, Bibliographic Coupling, and Direct Citation：Which Citation Approach Represents the Research Front Most Accurately?", *Journal of the American Society for Information Science and Technology*, Vol. 61, No. 12, 2010, pp. 2389 – 2404.

散领域，基于共引关系的研究并不多，主要基于的还是直接引证关系，其原因与知识扩散特性有关。知识扩散过程有扩散的源头和接收的对象，强调方向性，而共引描述的是被同一篇文章同时引用的两篇文章之间的关系（或者被同一位作者同时引用的两位作者之间的关系），共引实质上是一种共现关系，没有方向性，这与知识扩散的有向性产生冲突，因此共引分析方法较少被应用。但也有例外，比如探讨知识扩散的跨学科特征①，选取适当的分析指标，共引关系是可以被善加利用的。

期刊引证关系主要用于考察期刊本身在期刊网络中的地位和影响，在应用于知识扩散研究时以探讨学科领域知识扩散为主。Pieters和 Baumgartner② 是较早基于期刊引证关系研究知识扩散的学者，他们对经济学期刊的研究能够很好地说明期刊引证关系如何映射学科知识扩散情况。他们选取 1995 年到 1997 年 42 本经济学期刊的引证数据，研究经济学学科内部的知识基础和经济学与其相关人文社会学科之间的知识扩散情况，研究指出经济学的各个分支中，一般兴趣（General Interest）和理论方法（Theory & Method）两个子领域的研究成果被所有其他子领域引用，其他人文社会科学期刊对经济学期刊的引用也主要来自这两个子领域，而这两个子领域的期刊反向引用其他领域的情况则比较少，表明它们是经济学学科的知识源头和扩散基础。

作者合著。大部分基于作者合著关系的知识扩散研究对象是科研作者，也有少部分学者如 Bettencourt 等③通过作者合著研究学科领

---

① 邱均平、曹洁：《不同学科间知识扩散规律研究——以图书情报学为例》，《情报理论与实践》2012 年第 35 卷 10 期。

② Pieters R. and Baumgartner H. , "Who Talks to Whom? Intra-and Interdisciplinary Communication of Economics Journals", *Journal of Economic Literature*, Vol. 40, No. 2, 2002, pp. 483 – 509.

③ Bettencourt L. M. A. , Kaiser D. I. and Kaur J. , "Scientific Discovery and Topological Transitions in Collaboration Networks", *Journal of Informetrics*, Vol. 3, No. 3, 2009, pp. 210 – 221.

域。作者合著网络以人为节点，具有社会属性，表现作为社会角色的作者之间的接触和互动模式，因此社会网络分析方法在以作者合著表示的知识扩散研究中被普遍应用。在实证中主要分析科研团体合作结构，以及合作网络随时间推移的演化过程。作者间的知识扩散生态与合作网络的时序演化、网络拓扑结构质变、结构和位置属性动态紧密关联。需要说明的是，作者引证关注的虽然是作者，但其实际构成网络的基础是作者所代表的文献，与作者合著网络中的节点属性是完全不同的；而且，作者引证的有向关系是实际存在的，而作者合著的共现关系是人为构建的①。与引证关系相比，合著关系反映科研团体合作结构，能够更好地捕捉到隐性知识的扩散状况，属于空间计量范畴的地域扩散研究主要考虑的也是合著关系②。

本节探讨的知识扩散是科学出版物中记录的知识的改变和应用，因此参考文献引证、作者引证、期刊引证、作者合著关系的扩散媒介都是出版物，参考文献、发表作者是出版物所具有的属性，期刊是出版物的集合，合著是作者在出版物中的共现，因此无论以何种方式表示知识扩散，出版物都是知识扩散的基础单元。

（2）扩散路径

科学知识扩散的路径研究方面，引文分析为常用方法。基于引文分析的知识扩散研究，通常构建有向的直接引文网络来展示知识扩散的拓扑结构。Wang 等③将引用文章和被引文章出版年份的差值

---

① Yan E. and Ding Y. , "Scholarly Network Similarities: How Bibliographic Coupling Networks, Citation Networks, Cocitation Networks, Topical Networks, Coauthorship Networks, and Coword Networks Relate to Each Other", *Journal of the American Society for Information Science and Technology*, Vol. 63, No. 7, 2012, pp. 1313 – 1326.

② He Z. L. , "International Collaboration Does not Have Greater Epistemic Authority", *Journal of the American Society for Information Science and Technology*, Vol. 60, No. 10, 2009, pp. 2151 – 2164.

③ Wang L. , Zhang D. M. , Li G. X. , et al. , "Research on the Measurement of Knowledge Diffusion Speed in Citation Networks", 2017 *International Conference on Management Science & Engineering* (24*th*), Nomi: IEEE, 2017, pp. 17 – 20.

定义为引文网络的边权重，即引文滞后；由此将原始的直接引文网络变为时序网络，利用该网络拓扑参数的变化反映知识扩散的特征，并系统性地建立了知识扩散速率的测量体系。邱均平和李小涛[①]基于引证关系构建了期刊时序网络、机构时序网络、作者时序网络和关键词时序网络，从期刊、机构、作者和关键词四个层面揭示了知识图谱领域成果的扩散与演化过程。宋歌[②]以结构洞理论作为知识实体，将引文网络中与结构洞理论相关的文献节点按年代分列，构建了结构洞理论的扩散时序网络，据此可以直观地获得结构洞理论的扩散方向和发展趋势。此外，该研究将引用或被引用频次大于 10 的学科领域抽取出来，建立了不同学科领域之间的知识扩散交互网络，由此分析结构洞理论在主要学科领域间的扩散态势。

主路径分析法常与引文分析相结合抽取科学知识扩散的主干结构，依据引文网络起点至汇点路径的遍历权重来进行主路径识别[③]。祝清松和冷伏海[④]利用主路径分析法识别碳纳米管纤维领域的知识演化路径，后通过对该领域引文网络中的关键文献的共被引分析进行了演化主题识别，分别在微观和宏观层面总结了该学科的演变过程。董克等[⑤]运用引文时序分析法绘制了自 1998 年以来网络计量学发展的引文编年图，使用主路径分析法筛选网络计量学发展中构成研究主干的文献节点，并将二者结合探讨了网络计量学的发展过程。结果表明，将引文分析强调的个体属性与主路径分析强调的系统属性结合可以更

---

① 邱均平、李小涛：《基于引文网路挖掘和时序分析的知识扩散研究》，《情报理论与实践》2014 年第 37 卷第 7 期。

② 宋歌：《学术创新的扩散过程研究》，《中国图书馆学报》2015 年第 1 期。

③ 韩毅、童迎、夏慧：《领域演化结构识别的主路径方法与高被引论文方法对比研究》，《图书情报工作》2013 年第 57 卷第 3 期。

④ 祝清松、冷伏海：《基于引文主路径文献共被引的主题演化分析》，《情报学报》2014 年第 5 卷第 33 期。

⑤ 董克、刘德洪、江洪等：《基于主路径分析的 HistCite 结果改进研究》，《情报理论与实践》2011 年第 34 卷第 3 期。

好地揭示科学知识扩散进程。宋歌①应用主路径分析方法，对结构洞理论的扩散过程进行实证分析，构建结构洞理论引文网络，识别主路径和关键节点。研究发现，结构洞理论的扩散网络中只有一条主路径，且主路径上没有分支。韩毅②对 Web of Science 数据库中知识管理领域的 7702 篇文献进行引文网络主路径分析，揭示了知识管理领域引文网络主路径顶点间的完整引用关系网络是整体网络的结构洞，是该领域知识扩散的核心。Xiao 等③综合运用局部分析、全局分析和主路径分析法探讨了数据质量领域的知识扩散路径，集成后的路径分析方法弥补了传统主路径分析不能全面展示知识扩散过程的不足。

3. 科学知识扩散演化模型

科学知识扩散影响范围的预判和动力研究需要从构建模型的角度入手，目前针对此方面的研究较少，且多为定性研究，常见思路为跨学科借鉴传染病学、生物学、复杂性科学、社会学等领域的成熟模型。知识扩散的过程是伴随着扩散网络的生成和演化进行的，知识扩散模型从根本原理上是对实际存在的知识扩散网络的抽象和模拟，因此扩散模型的构建一定是基于网络的。按照所模拟的网络的拓扑结构及动态属性的不同，现有知识扩散模型可以分为类传染病模型和网络生长模型。

（1）类传染病模型

传染病模型是最早的，也是目前被研究最透彻、发展最成熟的人类动态种群模型④。传染病模型发展至今，已有许多学者针对人群

---

① 宋歌:《学术创新的扩散过程研究》,《中国图书馆学报》2015 年第 1 期。

② 韩毅:《引文网络主路径的结构洞功能探索——以知识管理领域为例》,《图书情报工作》2012 年第 12 卷第 56 期。

③ Xiao Y. , Lu L. Y. Y. and Liu J. S. , et al. , "Knowledge Diffusion Path Analysis of Data Quality Literature: A Main Path Analysis", *Journal of Informetrics*, Vol. 8, No. 3, 2014, pp. 594 – 605.

④ Anderson R. M. , May R. M. and Anderson B. , *Infectious Diseases of Humans: Dynamics and Control*, Oxford: Oxford University Press, 1992.

的年龄结构[①]、变化感染率、潜伏期[②]等诸多属性进行了补充，发展了更为复杂的建模方法，但其基本思想都是根据染病状态不同将人群进行划分，通过跟踪不同类型的人群的平均数量变化来把握传染病的扩散情况。经典的 SIR 模型将人群分为易感者（Susceptible）、感染者（Infected）和移出者（Removed）三类[③]。传染病模型包含众多参数，其中很重要的一个是基本再生数（Basic Reproductive Number），通常用 R0 表示，其含义是一个病人在平均染病期内所能够传染的人数。基本再生数是区分疾病是否流行的阈值，因此在每一类传染病模型中都会涉及，通过它与 1 的相对大小可判断最终疾病是否流行：若 R0 < 1，则传染病逐渐消失；若 R0 > 1，则传染病流行，最终形成地方病。

　　Bettencourt 等[④]参照 Hethcote[⑤]归纳的人群划分构建了科学知识扩散的 SEIRZ 模型，因其与传染病模型的原理类似，笔者称其为类传染病模型[⑥]。该研究考察了"费曼图"这一科学观点于 1949—

　　① Bongaarts J. , "A Model of the Spread of HIV Infection and the Demographic Impact of AIDS", *Statistics in Medicine*, Vol. 8, No. 1, 1989, pp. 103 – 120. May R. M. , Anderson R. M. and McLean A. R. , "Possible Demographic Consequences of HIV/AIDS Epidemics. I. Assuming HIV Infection Always Leads to AIDS", *Mathematical Biosciences*, Vol. 90, No. 1, 1988, pp. 475 – 505.

　　② Hethcote H. W. , "The Mathematics of Infectious Diseases", *SIAM Review*, Vol. 42, No. 4, 2000, pp. 599 – 653.

　　③ Kermack W. O. and McKendrick A. G. , "Contributions to the Mathematical Theory of Epidemics I", *Bulletin of Mathematical Biology*, Vol. 53, No. 1, 1991, pp. 33 – 55. Brauer F. and Castillo-Chavez C. , "Epidemic Models", *Mathematical Models in Population Biology and Epidemiology*, New York: Springer, 2012, pp. 345 – 409.

　　④ Bettencourt L. M. A. , Cintrón-Arias A. and Kaiser D. I. , et al. , "The Power of a Good Idea: Quantitative Modeling of the Spread of Ideas from Epidemiological Models", *Physica A: Statistical Mechanics and Its Applications*, Vol. 364, 2006, pp. 513 – 536.

　　⑤ Hethcote H. W. , "The Mathematics of Infectious Diseases", *SIAM Review*, Vol. 42, No. 4, 2000, pp. 599 – 653.

　　⑥ Bettencourt L. M. A. , Cintrón-Arias A. and Kaiser D. I. , et al. , "The Power of a Good Idea: Quantitative Modeling of the Spread of Ideas from Epidemiological Models", *Physica A: Statistical Mechanics and Its Applications*, Vol. 364, 2006, pp. 513 – 536.

1954 年间在美国、日本、苏联（其中苏联的时间段选取为 1952—1959）的扩散情况。SEIRZ 五个划分在知识扩散的类传染病模型中含义为：

① 易感者 S，在一个观点形成扩散的开始阶段，大部分人群都属于易感者类；

② 潜伏期 E，即已经接触到了扩散的观点，但还未显现出接受了观点；

③ 感染者 I，已经显现出接受了观点；

④ 痊愈者 R，对一个观点不再关注，也就是说对观点"免疫"，其作品中不再出现与观点相关的信息；

⑤ 质疑者 Z，对观点持质疑态度或持有另一种观点。该类别是作者针对知识扩散过程引入的一个全新类别，原本的传染病模型中没有这类人群，但可以类比于接种疫苗抵制疾病等措施，可看作对某一观点的"免疫"。

文中分别阐释了 SIR、SIZ、SEIZ 三种知识扩散模型的数学原理，将 SIR、SEI、SEIZ 模型与实际数据进行拟合，并估计相应的参数值，随后结合当时的历史背景，对参数估计结果进行解释和讨论。研究指出：三种模型都能很好地拟合"费曼图"的实际扩散过程，该观点的扩散进程以年为单位，而不像传染病以天或周为单位，因此可将其类比于一个扩散速度很慢的传染病；但不像疾病的扩散效率主要取决于与传染源的接触频率，观点的扩散主要取决于其寿命，一个观点寿命越长，越有可能被有效扩散。

应用类传染病模型研究知识扩散问题需要特别注意知识与疾病的不同：第一，感染疾病是一个被动过程，而接受知识则需要人的主动参与，人们在接触到新的知识后，形成知识扩散之前，通常需要经过一个努力学习该项知识的主动过程；而且人们会主动保存知识，如出版文献、书籍、录入档案等，因此知识的寿命通常比个人持有该知识的时间要长很多。第二，对新知识的接收通常是有益的，人们乐于拓宽自己的知识面，会主动增加接触率；而对于疾病，人们在主观上是不愿意受到感染的，与传染源隔离减小接触率是最有效的防止传染病扩散的方式。以上两点说明人们对待知识和疾病具有相反的态度，另外，人脑中并没有类似于人体免疫系统这样的简单机制将已经接受的知识彻底从"感染者"脑中清除。这些差异会形成各自的扩散特征，从而得出截然不同的模型参数和阈值结果。在 Bettencourt 等人的研究中，"费曼图"的扩散具有非常长的恢复期（Recovery Time）和非常小的移出率（Exit Rate），这与一般传染病模型不同，因为已经被接受了的观点实际上是很难被遗忘或转而抵制它的。

Bettencourt 等在 2008 年的研究中分析了 6 个科学研究主题的时序演变①，该研究继承了他们 2006 年研究中的模型思想，使用类传染病模型分别描述 6 个研究主题下作者数累积增长的群体动态，通过估计模型参数反映各研究主题的基本特征。6 个研究主题覆盖自然科学领域中的理论研究、实证研究或者兼顾理论与实证研究的主题，类传染病模型对这 6 个具有不同研究属性的主题都能够很好地描述，说明该模型具有一定的普适性和推广价值。与 2006 年的研究相对应，该文再次验证了科学观点以年为单位的缓慢扩散模式，一个观点在被接受前要普遍经历 1.4 年至 5 年的潜伏期，人们接受一个观点后的恢复期为 6 个月到 10 年，基本再生数处于 1.8 到 64 之间。如前文所述，有价值的观点很难被遗忘，因此相对于传染病而言，观点扩散的恢复期长，基本再生数大。

需要说明的是，Bettencourt 等从宏观层次考察知识扩散，忽略个体的异质性，这虽然能够很好地描述知识扩散过程中的群体动态，但不能反映扩散主体之间相互作用的强度差异。Kiss 等②将引证关系引

① Bettencourt L. M. A. , Kaiser D. I. and Kaur J. , et al. , "Population Modeling of the Emergence and Development of Scientific Fields", *Scientometrics*, Vol. 75, No. 3, 2008, pp. 495 – 518.

② Kiss I. Z. , Broom M. and Craze P. G. , et al. , "Can Epidemic Models Describe the Diffusion of Topics Across Disciplines?", *Journal of Informetrics*, Vol. 4, No. 1, 2010, pp. 74 – 82.

入类传染病模型，提出了基于个体的有向加权知识扩散模型，考察"驱动蛋白"这一研究主题在 ISI 学科分类中的扩散情况。该研究以学科之间的引证数量反映主体之间相互作用的强度，实质上是将传染病模型的数学原理应用于探讨某一研究主题（即"驱动蛋白"）在学科引文网络中的扩散特征的类传染病模型。文章采用了 SEI 和 SI 两个模型，并分别将两个模型与涉及"驱动蛋白"主题的学科数量累积增长数据进行拟合，结果表明两种模型都有较好的拟合度，加入了潜伏期的 SEI 模型更符合实际情况，并指出研究主题在学科间的扩散存在 4 年至 15.5 年的潜伏期。该研究对新兴领域和研究热点的涌现提供了解释和预测的依据，潜伏期的估计数据表明，新兴主题的相关研究可能增长迅速，但同时也面临着跨越学科界限的困难。

（2）网络生长模型

类传染病模型的种群规模（各种群数量的总和，如用 N 表示，在 SIR 模型中，种群规模 $N = S + I + R$）基本恒定，因此该模型对种群生长特性的刻画较弱。为克服这一问题，可以借鉴擅长描述网络生长特性的逻辑生长函数以及侧重描述网络生成和演化机理的复杂网络模型、社会网络模型。

逻辑生长函数已在创新扩散研究中有所应用，在科学知识扩散模型构建中同样被经常借鉴。逻辑生长函数所描述的 S 形曲线被认为是种群生长普遍具有的基本特征[1]，并在各种科学现象（如：化学元素发现、粒子加速器中带电粒子高能量的获取、文献的增长规律）中得到了验证[2]，近年也有学者验证了该函数对社会信息传播[3]和科学技术

---

[1]　Price D. J. D. , *Little Science* , *Big Science and Beyond* , New York：Columbia University Press, 1986.

[2]　Braun T. , Bujdosó E. and Schubert A. , *Literature of Analytical Chemistry*：*A Scientometric Evaluation* , Boca Raton：CRC Press, 1987. 邱均平：《信息计量学》，武汉大学出版社 2007 年版。

[3]　Wei J. , Bu B. and Liang L. , "Estimating the Diffusion Models of Crisis Information in Micro Blog", *Journal of Informetrics* , Vol. 6, No. 4, 2012, pp. 600 – 610.

发展①过程同样适用。另有学者以物种的基因进化和种群演化过程类比知识的创造和扩散过程，分别提出了知识创造模型和知识扩散模型，并从物种进入自然选择的角度分析了知识对组织竞争力的影响②。

复杂网络领域描述网络演化应用最广泛的是无标度网络的优先连接模型③，该模型的核心是优先连接机制，认为新进入的节点会优先选择累积优势大的节点进行连接（累积优势通常用节点度表示）。复杂网络模型对网络生长演化的特征规定较为明确，如果应用于知识扩散研究首先需要明确使用范围的限制，比如：在知识扩散初期，科学发现的产生点并不具有明显的优先连接特征，而更适合用社会网络中的结构洞理论描述④。

知识扩散的完整过程要经历两个阶段，首先是新知识的产生阶段，其后是知识的扩散阶段⑤。上述模型侧重于刻画新知识已经产生之后的扩散过程，而对于扩散源头，也就是新知识的产生阶段，一些学者构建了其他模型，用于研究知识在产生阶段的生长涌现及相关影响因素。Chen 等⑥在 2009 年提出了科学发现的中间人模型，研究认为变革性的科学发现往往产生于结构洞的连接处，科学发现在

① Wong C. Y. and Goh K. L. , "Modeling the Behaviour of Science and Technology: Self-propagating Growth in the Diffusion Process", *Scientometrics*, Vol. 84, No. 3, 2010, pp. 669 – 686.

② Huang J. J. , "Knowledge Diffusion Models-perspectives of Gene Evolution and Population Dynamics", *Knowledge Management Research & Practice*, Vol. 11, No. 3, 2013, pp. 313 – 322.

③ Barabási A. L. and Albert R. , "Emergence of Scaling in Random Networks", *Science*, Vol. 286, No. 5439, 1999, pp. 509 – 512.

④ Chen C. , Chen Y. and Horowitz M. , et al. , "Towards an Explanatory and Computational Theory of Scientific Discovery", *Journal of Informetrics*, Vol. 3, No. 3, 2009, pp. 191 – 209.

⑤ Valente T. W. , "Network Models of the Diffusion of Innovations", *Computational & Mathematical Organization Theory*, Vol. 2, No. 2, 1996, pp. 163 – 164.

⑥ Chen C. , Chen Y. and Horowitz M. , et al. , "Towards an Explanatory and Computational Theory of Scientific Discovery", *Journal of Informetrics*, Vol. 3, No. 3, 2009, pp. 191 – 209.

网络中的结构属性和时间属性可分别由中介中心性和阵发被引反映，并选择消化性溃疡、基因打靶、弦理论三个研究主题对模型的预测结果进行验证。该模型提供了量化科学知识增长的新视角，并且对如何识别潜在的科学发现给出了具体的模型依据和计量标准。Frigotto 和 Riccaboni[①] 借鉴用于研究网络演化的随机生长模型，构建了关于科学创造力的随机网络模型。他们将创造力分为三种，即原创（Generative）、组合（Combinatorial）、复制（Replicative），并分别对应模型中的三个变量：新节点的生成、已有节点之间新的连接、对已有连接的复制，这里的节点可以是作者或者概念。知识创造可理解为"社会—语义"协同作用的过程，模型中以合著代表作者之间的社会关系，以概念共现代表知识之间的语义关系。模型考察"社会—语义"网络情境下知识创造的组合性，以及语义网和社会网的协同演化，并在罕见疾病领域选取蕾特氏症（The Rett Syndrome）作为案例进行了模型测试。研究表明：专家之间的合作有助于加强组合创造力；原创创造力通常与具有稳定合作关系的科研团体相关；相反，如果新作者的进入率高，则会使原创创造力降低。该研究对科学创造力给出了明晰的框架性定义，社会网与语义网的结合考虑到了知识创造的组合性，模型涵盖了合著网络和概念共现网络的主要拓扑属性，有助于识别具有创造力的学者或团体。

（三）基于上下文的词语语义分析

本书基于主题模型进行科研主题发现和演化研究，并在此背景下研究词语在不同主题中的迁移情况，主要考察的是以词语为中心的上下文的变化，或简称为语境变化。类比人群在地理上的迁移，词语即为人群，科研主题即为不同的地域。在知识经济领域

---

① Frigotto M. L. and Riccaboni M. , "A few Special Cases: Scientific Creativity and Network Dynamics in the Field of Rare Diseases", *Scientometrics*, Vol. 89, No. 1, 2011, pp. 397 – 420.

（Knowledge-based Economy），技术移民能够促进知识转移和科学发展。[1] 在科研主题演化过程中，重要词语的迁移可以反映主题间知识交流情况，词语向其他主题的迁移活动可能与主题的兴起和衰落具有紧密联系。即使在同一主题中，相同词语在不同时期也可能具有不同的重要性，从而能够揭示主题内部的知识演化情况。本书所研究的词语迁移问题与科学创新的扩散具有相关关系，但不是完全相同的研究问题。一项科学创新主要围绕一个科学观点，但词语具有多义性，一个词语（或一个词组）可以与多个科学观点相联系，具体与哪一个科学观点相联系，则通过词语所处的上下文语境来判断。

关于词语语义变迁的研究是近年来信息科学和数据挖掘等以数据分析和内容分析为主要研究目标的领域的热点研究问题。词义变迁研究大体可以分为两种类型：一是同义词探测，即在不同的时间范围内，不同的词语表达相同的语义；二是多义词探测，即在不同的时间范围内，相同的词语表达不同的语义。同义词探测返回的结果是在不同时期表达相同语义的不同词组[2]。选定某一个时期，并选定一个词或词组作为初始输入，输出端返回其他各时期与这个词或词组表达相同语义的词或词组。同义词探测的研究目的通常是从用户角度出发的，而非从本体角度出发。也就是说，在同义词探测之前，并不假定一个既有的本体语义结构，而是由用户提供检索词，输入同义词探测算法，返回各个时期同用户输入的检索词具有相同语义指代的词语列表。

相比之下，关于多义词探测的研究更为普遍，应用也更多。多义词探测研究同一词语在不同时期的语义变化。多义词探测的理论基础是分布假说，即语义相似的词语具有相似的上下文。研究方法主要为

---

① Williams A. and Baläž V., *International Migration and Knowledge*, Routledge, 2014, pp. 1 – 16.

② Kenter T., Wevers M. and Huijnen P., et al., "Ad Hoc Monitoring of Vocabulary Shifts Over Time", *Proceedings of the 24th ACM International on Conference on Information and Knowledge Management*, ACM, 2015, pp. 1191 – 1200.

基于分布相似性的词表示模型，传统模型为分布式表示①，近年新兴的模型主要为分散式表示的词嵌入模型②。在这些词表示模型中，文本集合当中的词语被表示为向量空间中的多维向量，称为词向量。每个词都由相同维度的实数向量表示出来，词语之间的相似度即可通过计算词向量之间的相似度获得，较为常见的相似度计算方法如欧几里得距离（Euclidean Distance）、余弦相似性（Cosine Similarity）等。

词嵌入模型的缺点之一是无法对词组的语义进行表示，然而在进行实际语义分析时，许多固定搭配和专有名词并不适合拆分开来。Mikolov 团队给出了一种解决办法③，首先基于词语共现对词组进行识别，随后对这些词组进行单独的词向量训练。目前更为通用的方法是直接对 n-gram 进行词向量训练④，n-gram 又称 n 元语法，将文本内容按照字节进行长度为 n 的滑动窗口操作，每个字节片段称为gram。在对词组进行词向量获取的基础上，后续研究进一步提出针对句子、篇章的向量识别方法⑤。

① Gulordava K. and Baroni M., "A Distributional Similarity Approach to the Detection of Semantic Change in the Google Books Ngram Corpus", *Proceedings of the GEMS* 2011 *Workshop on GEometrical Models of Natural Language Semantics*, Association for Computational Linguistics, 2011, pp. 67 – 71.

② Hamilton W. L., Leskovec J. and Jurafsky D., "Diachronic Word Embeddings Reveal Statistical Laws of Semantic Change", *ArXiv Preprint ArXiv*: 1605. 09096, 2016. Kim Y., Chiu Y. I. and Hanaki K., et al., "Temporal Analysis of Language Through Neural Language Models", *ArXiv Preprint ArXiv*: 1405. 3515, 2014.

③ Mikolov T., Sutskever I. and Chen K., et al., "Distributed Representations of Words and Phrases and Their Compositionality", *Advances in Neural Information Processing Systems*, 2013, pp. 3111 – 3119.

④ Johnson R. and Zhang T., "Semi-supervised Convolutional Neural Networks for Text Categorization via Region Embedding", *Advances in Neural Information Processing Systems*, 2015, pp. 919 – 927.

⑤ Alami N., Meknassi M. and En-nahnahi N., "Enhancing Unsupervised Neural Networks Based Text Summarization with Word Embedding and Ensemble Learning", *Expert Systems with Applications*, No. 123, 2019, pp. 195 – 211. Le Q. and Mikolov T., "Distributed Representations of Sentences and Documents", *International Conference on Machine Learning*, 2014, pp. 1188 – 1196.

目前主流的词嵌入模型如 Word2vec、GloVe 等，在对于词语的情感信息（Sentiment Information）捕捉方面相对欠缺。这是因为，多数具有相反情感倾向的词语具有相似的上下文。为了应对这一问题，情感分类（Sentiment Classification）研究领域的学者给出了若干解决途径。多数研究通过有监督的学习，基于标注数据给出的情感极性标签构造目标函数对词向量进行优化，训练可以识别情感信息的词嵌入模型①。也有研究者直接在预训练的不包含情感语义的词向量基础上进行优化，附加一组人工维护的情感强度词典，在原始词向量的语义信息中区分出情感倾向②。

五　存在问题述评

在主题发现方面，现有主题演化模型主要关注同一主题的内容随时间的演变。然而，主题演化除该主题本身的内容变化之外，还包含主题之间的知识交流活动，如单一主题分化、多主题融合，以及不同时期重要主题的发展阶段的识别，例如，给定一个时期，能够判断科研主题是否已经发展成熟，或者正在走向衰落。少量关注主题分化融合的研究，将分化融合看作主题演化过程中的一种结构变化，这些结构变化所代表的主题间知识交流则很少被涉及。

在微观层次上，主题演化模型对词语变化的跟踪和分析存在欠缺。科研主题表现为具有语义功能的词语集合，在科研主题演化过

---

① Ren Y., Zhang Y. and Zhang M., et al., "Improving Twitter Sentiment Classification Using Topic-enriched Multi-prototype Word Embeddings", *Thirtieth AAAI Conference on Artificial Intelligence*, 2016. Tang D., Wei F. and Qin B., et al., "Sentiment Embeddings with Applications to Sentiment Analysis", *IEEE Transactions on Knowledge and Data Engineering*, Vol. 28, No. 2, 2016, pp. 496 – 509. Xiong S., Lv H. and Zhao W., et al., "Towards Twitter Sentiment Classification by Multi-level Sentiment-enriched Word Embeddings", *Neurocomputing*, No. 275, 2018, pp. 2459 – 2466.

② Yu L., Wang J. and Lai K. R., et al., "Refining Word Embeddings Using Intensity Scores for Sentiment Analysis", *IEEE/ACM Transactions on Audio*, *Speech*, *and Language Processing*, Vol. 26, No. 3, 2018, pp. 671 – 681.

程中，主题相互联系从而形成知识交流，词语在不同主题中的迁移情况是探究主题演化机制的重要问题。现有主题演化模型主要探测同一主题下高位（概率较高）词语在不同时间窗口下的不同组合，而不关注词语在主题之间的变化情况。

科研主题的生长趋势研究方面，现有研究主要是通过计算每年某个主题下的发文量来代表该主题在当年的活跃程度[①]。这样做的不足之处是，一篇文章只能为一个主题在当年的活跃程度做出贡献，部分研究中一篇文章可以被标示多个主题，即使这样，这篇文章也是以均匀的比例分布在各个主题当中。实际上，一篇文章通常由几个主题混合而成，且在各个主题当中的分布是不均匀的。

主题模型正是能够保留一篇文档以不同比例由若干主题混合而成这一特性的主题识别方法。主题模型的提出为文档主题的自动识别和测度主题活跃度以分析主题生长趋势提供了优化的方法和视角。

应用知识图谱进行科研主题的演化研究，共被引和共词两个角度均存在一定的问题：（1）在主题发现方面，共被引分析具有滞后性，共词分析结果与原文献相脱离。（2）在主题演化分析方面，共被引图谱不擅长分析阶段性局域主题的涌现和衰亡，微观层面上词语的变化更无从探知；共词图谱更多展现的是科研主题在不同时期的聚类情况，对主题之间知识交流情况的分析存在欠缺。此外，共词图谱偏重于识别两两高频共现的关键词，如果一个高频词与多个低频词相关，该高频词会被单独归类，导致孤立而与科研主题相分离。基于引文网络[②]和关键词共现[③]的桑基图（Sankey

---

① Börner K. , Chen C. and Boyack K. W. , "Visualizing Knowledge Domains", *Annual Review of Information Science and Technology*, Vol. 37, No. 1, 2003, pp. 179 – 255.

② Rosvall M. and Bergstrom C. T. , "Mapping Change in Large Networks", *PloS One*, Vol. 5, No. 1, 2010, pp. e8694.

③ Cui W. , Liu S. and Tan L. , et al. , "Textflow: Towards better Understanding of E-volving Topics in Text", *IEEE Transactions on Visualization and Computer Graphics*, Vol. 17, No. 12, 2011, pp. 2412 – 2421.

Diagram）① 绘制，从信息可视化的角度对主题分化融合问题进行了初探，但对主题的内容分析较为粗略，主题间知识交流和重要主题的发展阶段等问题依然很不清晰。

现有科研主题演化研究对于词语在演化过程中的分布情况和语义变化的分析普遍不足。其中，科学知识扩散研究主要以引文关系作为媒介考察创新的扩散，而对于词语在主题和学科领域中的分布情况的关注比较欠缺。词语语义分析多是从技术性的角度来考虑，主要研究目的是辅助文档回溯和词义消歧等自然语言处理任务，并不注重内容分析和学科主题分析等情报学领域所比较关注的问题。由于现有词语语义变迁研究并未将词语的变化置于主题演化的背景下，使得对于词语在主题中的分布问题的研究尤为欠缺。

第三节　词语语义和词语迁移概念的界定

一　词语语义概念界定

科研主题在本质上是具有语义功能的词语的集合②，理解科研主题演化并对其进行深入分析，最终需要落到对词语的分析之上。本书拟进行的科研主题演化过程中词语迁移研究，是关于科研主题演化过程中词语分析的一个比较新的研究视角，其核心内容是考察相同词语或词语组合在不同主题当中的共时和历时分布情况，基于此对科研主题演化进程进行细粒度（词语粒度）的分析，以达到深层次的内容分析的研究目标。

本书提出科研主题演化过程中的词语迁移概念，从现象层面可以简述为：相同的词语出现在不同的主题当中。词语迁移潜在表达

---

① Riehmann P. , Hanfler M. and Froehlich B. , "Interactive Sankey Diagrams", *IEEE Symposium on Information Visualization at INFOVIS*, IEEE, 2005, pp. 233 – 240.

② Griffiths T. L. , Steyvers M. and Blei D. M. , et al. , "Integrating Topics and Syntax", *Advances in Neural Information Processing Systems*, 2004, pp. 537 – 544.

的是，当词语处于不同的主题当中时，其所经历的语义变迁。当相同的词语迁移到一个新的主题中时，往往会经历一个语义"再生"的过程，其实质是与词语相联系的科研观点，理论和应用由于迁移到新的主题中而发生了改变。相同的词语与不同的主题相联系时，其反映的概念和应用都会与所处主题的研究范畴相适应，词语在迁移过程中所反映出的新的理论、方法和应用，正是科研主题演化过程中创新的生成过程。

　　本书对词语语义的描述主要基于计算语言学中的分布假说（Distributional Hypothesis）①。分布假说认为，出现在相似上下文中的词语具有相似的语义。也就是说，词语的语义以及对词语语义的比较由其所处的上下文内容所决定。

　　主、客观二重性是词语语义的基本特点。从客观性的角度出发，词语的语义是对世界的分类和指称。因为分类和指称的对象是客观的，所以语义有其客观的一面。语义的客观性首先表现在人们对客观事物的认识，它的来源是观察到的客观事物的现象。这些现象或是真实存在的，或是虚拟的，但也是客观世界在人脑中的曲折的、间接的反映。新事物的出现会造成新的语义单位的产生，新词新义的产生是对客观世界中社会进步的反映。在科研主题当中，词语在不同主题中的迁移，其词义的变迁是对科研主题演化的反映。

　　同时，语义的分类会根据人的思维方式而产生区别，因此语义也具有主观性。语义的主观性首先表现在带有感情色彩和表达人类精神世界的词语上，如"爱、恨、美、自由、幸福"等，在不同的文化、种族中，甚至是不同的人类个体之间也有不同的理解。"文化背景"是语义主观性的一个重要影响因素，如"狗"（Dog）在汉语和英语中的所指对象并没有区别，但是在汉语中，狗的隐喻通常与谄媚、势力等贬义联系起来；而在英语中，狗的隐喻通常代表着喜

---

① Harris Z. S. , "Distributional Structure", *Word*, Vol. 10, No. 2 - 3, 1954, pp. 146 - 162.

悦、忠诚等美好的形象。在不同的文化背景下，虽然相同的词语在客观事物层面是一致的，但在文化内涵和隐喻指代方面会产生主观性的差别，甚至产生完全相反的语义。在科研主题当中，不同的主题范畴便是词语的"文化背景"，相同的词语出现在不同的主题中时，由于主题内容的变化，使得即使在客观上语义一致的词语，也极有可能指代不同的概念和应用。

"语义"在语言意义这个范畴内有两层意思：语言单位的意义和语言单位进入交际成为交际单位的意义。值得注意的是，语言学的下属分支语义学所研究的"语义"通常是语言单位的静态意义，即还没有进入交际时的意义。而本书所分析的"语义"根据词语的上下文以及所处的主题范畴来判断，因此是进入交际后（在不同语境下使用）的意义。

二　词语迁移概念界定

在科研主题演化过程中，不同主题往往包含着相同的词语，一些词语在先前的时期出现在某一主题当中，在随后的某一时期出现在了另一主题当中，而在原先主题当中的重要性则下降至较低的位置。这种相同词语出现在不同主题当中的现象，我们称之为词语迁移，它与科研主题演化活动存在一种共生的关系：科研主题实质上表现为具有语义功能的词语的集合，而科学主题又是动态演化的，新的研究内容不断涌现，已有的研究内容可能会越发活跃，或者老化衰退，单一主题会发生分化，多个主题又可能发生融合。在这样动态演化的科学主题发展过程中，相同的词语迁移到不同的主题中时，它的上下文也可能由于主题背景的改变而发生改变，实质上反映的是与这个词语相关的创新和应用的改变。

词语迁移活动一定是与科学主题演化同时发生的，随着主题的演化，词语在不同的主题中迁移；词语在不同的主题中迁移，形成新的语境和新的应用，伴随着主题不断的发展和创新。理解词语迁移活动，是从微观的角度去理解科学主题演化的驱动因素。

第四节　研究内容和研究方法

一　研究内容

本书的研究内容主要包括以下三个方面：

第一，发现文本集合中的潜在科研主题。以信息检索领域为例，对信息检索领域学术文献组成的文本集合进行主题识别和抽取，并对主题内容进行分析。

第二，科研主题演化过程分析。对信息检索领域重要主题的生长趋势进行分析，识别各主题在不同时期的收缩与扩张趋势，以及主题发展过程中的关键转折点。对主题演化过程中主题分化融合情况、主题知识交流情况，以及重要主题在不同时期的发展阶段进行分析。

第三，科研主题演化过程中的词语迁移分析。对词语迁移现象进行概念界定，归纳并分析词语迁移活动的类型和稳定性，分析词语在迁移过程中的语义变化，及其与科研主题演化之间的关系。对词语迁移活动所具有的一般性规律提出假设并进行验证。

二　研究方法

（一）文献调研

采用文献调研法开展科研主题演化及词语迁移分析相关理论研究，从科学范式转变、贝叶斯概率、主题模型、创新扩散等方面梳理相关理论的起源与发展，阐释理论基础对本研究的支撑关系和结合点。

（二）机器学习

在主题分析和词语分析方面，借鉴机器学习和数据挖掘领域的研究方法，对科研主题进行识别和抽取使用 LDA 主题模型方法，对词语语义的表示基于分布假说，使用 Word2vec 模型将词语转化为词向量，通过计算词向量之间的余弦相似性反映词语语义之间的相似程度。

（三）语义分析

基于语义分析技术对词语语义的内涵与外延进行表征，通过上下文学习，应用神经网络词嵌入模型对词语语义信息进行向量化表示，分析词语的历时语义演化，以及伴随词语迁移所产生的词语语义变迁。

（四）文本分析

定性角度的文本分析贯穿本研究全篇，主要内容包括对于主题生长趋势、演化过程的分析、词语迁移过程中的语义变化，以及词语迁移现象与科研主题演化之间的关系分析。

（五）定量分析

本研究多处应用定量分析方法对主题演化及词语迁移过程进行相关属性的测度，包括主题相关关系测度、词语语义相似性的测量、词语迁移程度的量化等。

（六）实证分析

本书主要以信息检索领域为例开展实证分析，进行信息检索领域重要科研主题的生长趋势、演化过程及其中的词语迁移分析。

第五节　创新之处

本研究的创新之处主要包括以下三点：

第一，以信息检索领域为例，发现科研主题的生长趋势和演化动态。结合数据挖掘领域的主题模型和情报学领域的文档内容分析，发现科研主题的生长趋势，科研主题演化过程中的知识交流情况，以及科研主题在不同时期的发展状态。基于 LDA 主题模型训练得到的文档—主题概率分布矩阵探测主题生长趋势，保留了一篇文档以不同比例由多个主题混合而成的特性。针对目前科研主题演化研究对主题间知识交流和发展阶段分析的不足，从主题分化融合，主题内部和主题间知识交流，领域重要主题在不同时期的发展状态等角度进行了科研主题演化过程的分析。

第二，明确词语迁移的概念，深入分析词语迁移现象，揭示词语迁移与科研主题演化的关系。在科研主题演化分析的基础上，结合词语迁移活动实现从词语层面进一步理解科研主题的演化过程。科研主题表现为具有语义功能的词语的集合，在了解信息检索领域重要主题演化过程的基础上，将分析深入词语层面，明确了词语迁移的概念。针对科研主题演化过程中的词语迁移现象，基于文本挖掘技术分析了词语迁移的类型和稳定性，以及词语在迁移过程中的语义变化，并探讨了词语迁移活动与科研主题演化之间的联系。

第三，揭示并验证关于词语迁移的三条规律，分别为：相似性规律、多样性规律和凝聚性规律。相似性规律表现了词语上下文相似性与迁移方向之间的联系，多样性规律和凝聚性规律表现了词语语义多样性以及在科研主题中的重要性对词语迁移程度的影响，并基于信息熵理论对词语迁移程度进行了定量化表示。

第 二 章

理论基础

第一节 科学哲学与科学范式的转变

一 科学哲学对范式的定义

科学哲学是研究科学本性的一个哲学分支，关注科学的基础、方法和含义。科学哲学的主要研究内容包括科学理论的结构、科学解释、科学检验、科学观察与理论的关系、科学理论的选择等。科学哲学研究中的一个关键问题是对科学范式（Scientific Paradigms）及其更迭的理解。Kuhn[①] 在 1962 年发表的著作 *The Structure of Scientific Revolutions* 中引入范式的概念，简要概括范式的含义即科学实践中的公认范例。

要具体理解范式的含义，首先引入"常规科学"的概念。常规科学（Normal Science）是指坚实地建立在一种或多种过去科学成就基础上的研究，这些科学成就在某一特定时期内、被某一特定领域的科学共同体（Scientific Community）认同为是进行其他进一步实践所依赖的基础。这样起到基石作用的科学成就通常由教科书详尽阐

---

① Kuhn T. S.，*The Structure of Scientific Revolutions*，University of Chicago Press，2012，p. 10.

述，包括公认的理论，与这些理论相关的应用，以及通过示范性的观察和实验对这些应用进行的比较。在教科书体系形成之前，科学经典著作承担着类似的阐释功能。例如，亚里士多德的《物理学》（西方科学与哲学）、托勒密的《天文学大成》（数学与天文学）、牛顿的《自然哲学的数学原理》（经典力学）等。像上述这样的许多著作，为一段时期内的几代研究者们潜在地提供了一个研究领域中合理的研究问题和研究方法。这些著作能起到这样的作用，是因为它们具有两个共同的特征：它们的空前成就足以从其他的科学活动模式中脱颖而出，吸引一批坚定的拥护者；同时，它们又具有充分的开放性，启发后继的实践者们探索各种尚未解决的问题。具有这样两个特征的一类科学成就，称为"范式"。定律、理论、应用和仪器可以作为一个整体代表一种范式，某一领域的范式提供了一个模板，使得这一领域的科学研究具有符合统一的科学传统的一致性。

范式具有约束力。由于范式的存在，使得科学共同体中的成员从相同的模型中学习本学科领域的基础，即使对于后加入的成员，也将很少会在研究的基本前提上发生争执。范式的约束力体现在，以共同范式作为基础进行研究的成员，都承诺同样的规则和标准从事科学实践。范式约束下的承诺和显著的一致性是常规科学形成的先决条件，即一个特定的研究传统形成与延续的先决条件。一个范式的获得，以及范式约束下更进一步的研究的发展，是任何科学领域发展成熟的标志。

二　科学范式的转变

科学范式的转变通过科学革命实现[①]。以物理学中的光学为例，按照今天的物理教科书中所述，光的本质是光子，具有波粒二象性。然而，这一范式得到认同的时间不足一百年。在 20 世纪初，普朗

---

① Kuhn T. S., *The Structure of Scientific Revolutions*, University of Chicago Press, 2012, p. 12.

克、爱因斯坦和其他学者发展光子理论之前，物理学界普遍认同光是一种横波运动。波动理论也不是该领域最初的范式。在波动理论得到认同之前，这个领域的范式由牛顿所著的《光学》给出：光是一种物质微粒。如同光学范式这样的转变就是科学革命，一种范式通过科学革命向另一种范式过渡，是成熟的科学领域通常的发展模式。

Kuhn 将科学发展的进程分为这样几个阶段：前范式期、常规期、危机期、革命期和新一轮的常规期。在科学发展的早期阶段，因没有公认的统一范式，而显现学派林立的特征。当一个领域处于常规期时，科学研究主要基于现有的知识结构作一些补充、延伸、扩展等锦上添花的工作。科学领域的研究基础是牢固的，而且广为人们所接受。大规模物种灭绝研究的发展历史是一个很好的例子[1]。研究者们一直致力于找出导致 6500 万年前恐龙灭绝的直接原因，在前范式期，人们提出过近百个不同的理论和假设，直到陨石撞击理论的提出，成为被广泛接受的理论框架。在这一理论框架的基础上，研究者们致力于寻找进一步的证据来支持或排除这种可能性，这期间的研究具有常规期的发展特点。危机期的主要特征是，新发现同现有理论、现有解释等基本知识出现矛盾。这时人们有多种选择，或是改进观测手段重新解释新发现，以消除现有矛盾，或是修正理论，或是开发新的理论，革命期的标志便是新理论的确立。心理学研究发现人们普遍有一种惰性[2]，人们经常会尽量避免大刀阔斧地改变我们现有的理论基础和知识结构。相反，人们会寻找各种各样的解释来表明新发现和现有理论实际上是相容的。地球上已知的大规模物种灭绝至少有五次之多，陨石撞击理论并不能解释每一次灭绝

---

[1]　Chen C. , "Cite Space II : Detecting and Visualizing Emerging Trends and Transient Patterns in Scientific Literature", *Journal of the American Society for Information Science and Technology*, Vol. 57, No. 3, 2006, pp. 359 - 377.

[2]　Norman D. A. , *The Design of Everyday Things*: *Revised and Expanded Edition*, Basic Books, 2013.

的原因，此时进入危机期。研究者们逐渐接受的新观点是，大规模物种灭绝不一定只有一两个直接的原因，也不一定像人们原来想象的那样一切都在很短的时间内发生。

Kuhn 所描述的由科学革命推进的范式转变，是从根本上改变一个领域的研究基础的科学大革命。在科学发展史上，符合 Kuhn 定义的范式转变是百年一遇的稀有事件。Kuhn 范式理论中的科学发展，强调新理论替代旧理论。在后来学者的研究中，新旧理论可以共存的观点被广泛接受[①]。如果将科学发展放在较小的时间尺度上观察，科学发展通常是渐进式的，在这样的尺度上，Kuhn 定义下的范式更迭界限变得模糊，新理论由旧理论去芜存菁、发展改动而来。在如今各学科融合交叉的现状下，渐进式的发展过程更为明显。学科之间在方法论层面互相借鉴，并在本领域发展出新的含义和应用。成熟的科学领域可以有几种范式共存、相互竞争或描述事物的不同方面。

三　科学范式转变与科研主题演化的关系

在科研主题演化过程中，科学突破的产生是科研主题演化的关键环节，而科学突破是科学范式更迭的推进动力。科学突破强调的是科研成果的创新性，创新性包括新理论的提出、对现有理论的改善、对科学现象提出更好的解释等。科学突破的产生受到科学范式的限制，Kuhn 的科学范式理论认为，科学突破是能够带来科学革命的根本性的范式转变。范式理论下的科学突破是极其稀有的事件，但同时该理论也强调了科学突破的产生对于科学范式得以更迭的重要性，以及两者在科学系统中的相辅相成的角色地位。

Galison[②] 对于 Kuhn 理论关于科学范式跃进式发展的观点持保留意见。Galison 以"贸易区"（Trading Zone）比喻由学科交叉和跨领

①　Laudan L. , *Progress and its Problems*: *Towards a Theory of Scientific Growth*, University of California Press, 1978.

②　Galison P. , *Image and Logic*: *A Material Culture of Microphysics*, University of Chicago Press, 1997.

域合作研究所带来的科学突破。他认为不同的科研领域之间即使不具有相同的理论体系，也可以共享自身领域成熟的技术和方法论。当一个领域的已有成果传播到另一个领域时，其内涵和外延，或者说相应的科研观点的含义以及科研观点所适用的应用范畴均会发生改变。如此，跨领域合作的科学研究可以在不对方法论做出重大改动的情况下形成科学突破，这样的科学突破虽然没有引起科学范式的转变，但也对科研主题的演化和科学发展的推进具有重大意义。

后继学者受到 Kuhn 范式思想的影响，将重大的科学突破视为对既定科学传统的挑战，创新在这种意义上是很少被尝试的，而通常被领域权威所垄断。[①] 与这一观点相对的是 Price 等学者提出的关于科学系统的定量化模型[②]，将科学系统描述为一个复杂的、具有极大的自组织性质的"认知生态系统"，包括很多自相似的子系统或者说子领域，其中每一个子领域的形成源于科学研究中的重要突破，并且每个领域的发展又会促进新的科学突破和新的衍生领域的生成和独立。越是庞大的领域，促成新突破和新领域的可能性越大。

科学系统的定量化模型与 Kuhn 范式理论的不同之处是，它认为科学发展是渐进自洽的；而非范式理论中的跃进式发展，需要重大突破引发的科学革命来推动。Van Raan[③] 指出，新观点和新领域的出现本身就是具有革命性的，但同时也与已有研究成果基本保持线性发展的趋势，很难给出一个明确的"革命期"去限定这一时期产生了新的范式。科学发展本身是一个连续不断产生创新和突破的过程，科学系统本身是一个复杂系统，基于对复杂系统的经典统计，

① Becher T. and Trowler P. , *Academic Tribes and Territories*：*Intellectual Enquiry and the Culture of Disciplines*, UK：McGraw-Hill Education, 2001.

② De Solla Price, *Science Since Babylon*, New Haven, CT：Yale University Press, 1975. Bruckner E. , Ebeling W. and Scharnhorst A. , "The Application of Evolution Models in Scientometrics", *Scientometrics*, Vol. 18, No. 1 – 2, 1990, pp. 21 – 41.

③ Van Raan A. F. J. , "On Growth, Ageing, and Fractal Differentiation of Science", *Scientometrics*, Vol. 47, No. 2, 2000, pp. 347 – 362.

大多数科学突破都是较小的，促成 Kuhn 定义下范式更新的重大突破是较为稀少的。

经过前文的讨论，科研主题的演化是大突破与小突破并存的发展过程。演化过程中的重大突破是推进科学范式更迭的主要动因，相比之下，科研主题演化中的小突破则普遍存在，新技术和新方法在已有研究基础上被提出和开发，观点和创新渐进式产生。基于本书的时间尺度和数据规模，本研究着重考察的是科研领域中主题和子主题的线性发展演进、主题之间的知识交流情况，以及基于词语在主题中的分布情况，探索科研领域中的科学革命以及科研主题内容的演化规律。

第二节　贝叶斯概率与贝叶斯网络

一　贝叶斯概率

本书对于科研主题发现的研究方法主要采用 LDA 模型，LDA 模型是一种基于贝叶斯网络（Bayesian Networks）表示的主题模型。贝叶斯网络的产生源于为了解决联合概率计算这一基本问题①，其基础理论为概率论。

概率论最基本的两个公式为加法法则（Sum Rule）和乘法法则（Product Rule）。对于任意事件的加法法则表述为：对于事件空间 S 中的任意两个事件 A 和 B，有如下定理：

$$P\ (A \cup B)\ =\ P\ (A)\ +\ P\ (B)\ -P\ (A \cap B)$$

如果 A 和 B 不同时发生，即事件 A 与事件 B 互斥，则 $P\ (A \cap B)\ =\ 0$，此时公式简化为：

$$P\ (A \cup B)\ =\ P\ (A)\ +\ P\ (B)$$

---

① 王双成：《贝叶斯网络学习、推理与应用》，立信会计出版社 2010 年版，第 3—5 页。

如果 n 个事件（$n \geqslant 2$）每两两事件之间均是互斥关系，那么这些所有事件集合的概率等于单个事件的概率的和，即：

$$P(A_1 \cup \cdots \cup A_n) = \sum_{j=1}^{n} P(A_j)$$

以上为加法法则。在乘法法则这一定理条件下，事件 A 和事件 B 同时发生的概率是：

$$P(A \cap B) = P(A) \cdot P(B \mid A) = P(B) \cdot P(A \mid B)$$

其中，$P(B \mid A)$ 是指事件 A 发生的条件下，事件 B 的条件概率。在加法法则和乘法法则之外，链式法则（Chain Rule）、全概率公式（Formula of Total Probability）和贝叶斯定理（Bayes' Theorem），也是贝叶斯网络理论中经常用到的概率公式。其中贝叶斯定理尤为重要，它用于描述两个条件概率之间的关系，记 $P(A)$ 和 $P(B)$ 分别表示事件 A 和事件 B 发生的概率，$P(A \mid B)$ 表示在事件 B 发生的条件下，事件 A 发生的概率，则贝叶斯定理表达为如下公式：

$$P(A \mid B) = \frac{P(A)P(B \mid A)}{P(B)}$$

值得注意的是，后面的三个公式均可以由加法法则和乘法法则组合重构得到。事实上，所有的概率推断（Probabilistic Inference），无论多么复杂，都可以表示为加法法则和乘法法则的叠加应用[①]。

经典概率称为客观概率或物理概率，与之相对的主观概率，则是贝叶斯概率。简单概括，贝叶斯概率是观测者对某一事件发生的信任程度，因此是主观概率。客观概率的估计方法是通过多次重复试验，统计特定事件发生的频率。贝叶斯概率与客观概率不同，它是利用现有的知识对未知事件进行预测，观测者根据先验知识和现有的统计数据，用概率论的方法来预测未知事件发生的可能性。在 LDA 模型中，所抽取主题的先验概率分布假设为狄利克雷（Dirichlet）分布。

————————

① Bishop C. M., *Pattern Recognition and Machine Learning*, Secaucus, NJ, USA: Springer-Verlag New York, 2006.

二 贝叶斯网络

虽然即使是复杂的概率模型，也可以通过单纯的代数推导得出计算结果，但如果能将概率分布用图形的方式表示出来，就会更为直观而有助于更有效率地解决概率问题，这类概率分布的图形表示称为概率图模型（Probabilistic Graphical Models），使用概率图模型表示概率分布具有以下优势：

（1）它提供了一种能够用于可视化概率模型的简单方法，基于已有概率图模型，还可以进一步设计和延伸出新的概率模型。

（2）随机变量之间的条件依赖关系，可以直接通过观察概率图模型得到。

（3）概率模型中与推断和学习相关的计算过程，可以通过图形化操作（Graphical Manipulation）完成，等价于通过复杂的数学表达式完成的计算过程。

概率图模型是概率论与图论相结合的一种研究方法，一个概率图模型由节点（Node）和连接节点的边（Link）构成，每个节点代表一个随机变量（Random Variable），连边表达的是随机变量节点之间的概率关系，如果是有向边则代表因果关系，即随机变量之间的条件依赖关系。如此，一个概率图模型建立起来，所有随机变量整体的联合概率分布便可以直接分解为单个随机变量所对应的概率分布的乘积。无向的概率图模型称为马尔可夫网络（Markov Networks）或者马尔可夫随机场（Markov Random Field），有向的概率图模型称为贝叶斯网络（Bayesian Networks）。LDA 模型就是基于贝叶斯网络进行统计推断的生成概率模型。

比较直观的贝叶斯网络描述性定义，由 Nielsen 和 Jensen[1] 于2001 年给出。满足如下四个条件的有向无环图（Directed Acyclic

---

① Jensen F. V. , *Bayesian Networks and Decision Graphs*, Springer Science & Business Media New York, 2001, pp. 18 – 19.

Graph）称为贝叶斯网络：

（1）存在一个变量集 $V = \{X_i\}, i = 1, \cdots, n$ ，以及变量对应节点之间有向边的集合 E ；

（2）每个变量的取值都为有限个离散值；

（3）由变量对应的节点和节点之间的有向边构成一个有向无环图 $G = (V, E)$ ；

（4）对于每个节点 X_i 和它的父节点集 Π_i ，都对应一个条件概率分布 $p(x_i \mid \pi_i, G)$ ，且满足，

$$p(x_1, \cdots, x_n) = \prod_{i=1}^{n} p(x_i \mid \pi_i, G)$$

由贝叶斯网络的定义可知，贝叶斯网络由两部分组成，分别是贝叶斯网络结构（有向无环图）和贝叶斯网络参数（条件概率分布）。

条件独立性[①]是贝叶斯网络理论的重要概念。对概率模式 M ， $U = \{X_1, \cdots, X_n\}$ 是一个随机变量集， A、B 和 C 是 U 的三个互不相交的变量子集，如果对 $\forall X_i \in A$ 、 $\forall X_j \in B$ 和 $\forall X_k \in C$ 都有，

$$p(x_i, x_j \mid x_k) = p(x_i \mid x_k) p(x_j \mid x_k)$$

其中 $p(x_i, x_k) > 0$ ， $p(x_j, x_k) > 0$ ，称给定 C 时， A 和 B 条件独立，记为 $I(A, C, B)_M$ 。对概率模式 M ，两个随机变量之间所有可能的依赖关系如图 2-1 所示。

在贝叶斯网络中，主要关注三种依赖关系，对应贝叶斯网络中的三种基本结构，是构建贝叶斯网络的基础。三种基本结构为 $X_i \to X_j \to X_k$ 、 $X_i \leftarrow X_j \to X_k$ 和 $X_i \to X_j \leftarrow X_k$ 。在前两种结构中，节点 X_j 将阻塞 X_i 和 X_k 的信息流动， X_i 和 X_k 之间边缘依赖但条件独立（以 X_j 为条件）。第三种结构称为 V 结构， X_j 能够诱发 X_i 和 X_k 之间的信息流动， X_i 和 X_k 之间边缘独立，但在 X_j 发生的条件下，条件依赖。对应贝叶斯网络基本结构的三种依赖关系为：① 直接依赖（Transitive Dependen-

———————

① 王双成：《贝叶斯网络学习、推理与应用》，立信会计出版社 2010 年版，第 9—10 页。

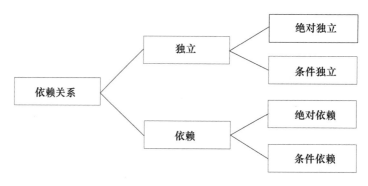

图 2 - 1　随机变量之间的依赖关系

cies），节点之间存在直接的信息流动，而且信息流不能被其他节点所阻塞，节点所表示的变量之间边缘且条件依赖；② 间接依赖（Non-transitive Dependencies），节点之间不存在直接的信息流动，而是由连接两节点之间的开路产生信息流，这种信息流可以被路径中的节点所阻塞，两个节点所表示的变量之间边缘依赖，但条件独立；③ 导出依赖（Induced Dependencies），这种依赖由贝叶斯网络基本结构中的 V 结构所导致，节点之间不存在直接的信息流动，而是由 V 结构中的汇聚节点诱发信息流，节点所表示的变量之间边缘独立，但条件依赖。

第三节　主题模型概述

如今呈爆炸式增长的数字资源，对大规模文档的自动组织、索引和检索提出了挑战。机器学习和数据挖掘领域发展了层次概率模型（Hierarchical Probabilistic Models），用于挖掘大规模文档集合中词语组成的规律，这些模型即主题模型。对文档集合组成规律的挖掘，通常能够得到文档集合中的潜在主题结构，实际上，文档的内容正是由这些潜在主题混合而成。主题模型基于文本数据开发，但很容易推广到其他数据类型当中，目前已有的应用包括对图片信息、生物信息、测量信息等进行主题建模。

主题模型提供了一种简便高效的分析大规模未分类文本的方法。在主题模型的训练结果中，每个主题由频繁共现的词语集合表示，主题模型的结果将描述同一主题的词语聚集起来，同时，因相同的词语可以在不同的主题中出现，由此可以对一词多义进行区分。目前主流的两种主题模型为 PLSI 模型和 LDA 模型，两者均为概率主题模型，均可以表示为贝叶斯网络结构的形式。

一　文本集合建模

对文本集合等离散数据进行建模是信息科学和数据挖掘领域长期关注的问题。建模主要解决的问题是将文档表达为便于机器识别的简短形式，能够高效处理大规模数据，同时保留对不同文档进行区别的本质属性，以便依据这些属性对文档进行分类（Classification）、摘要、相似性（Similarity）探测，或（相对于检索式的）相关性（Relevance）判断等操作。

现有研究在文本集合建模问题上取得许多重要进展，如 Tf-idf 框架、潜在语义索引（Latent Semantic Indexing，LSI）等。LSI 是一种向量空间模型（Vector Space Model，VSM），VSM 将词语表示为高维空间中的向量，利用词语之间的共现关系反映词语的语义。LSI 通过奇异值分解（Singular Value Decomposition，SVD）对词项—文档矩阵进行降维，降维后的矩阵用于构建一个潜在的语义空间，词语的坐标反映的是词语的潜在语义。

主题模型也是为解决文本建模问题而提出的概率模型，现今比较成熟的主题模型主要有 PLSI[①] 模型和 LDA[②] 模型两种。主题模型

① Hofmann T. , "Probabilistic Latent Semantic Indexing", *Proceedings of the 22nd Annual International ACM SIGIR Conference on Research and Development in Information Retrieval*, ACM, 1999, pp. 50 – 57.

② Blei D. M. , Ng A. Y. and Jordan M. I. , "Latent Dirichlet Allocation", *Journal of Machine Learning Research*, Vol. 3, Jan. 2003, pp. 993 – 1022.

的训练目标是从文档集合中发现潜在的主题，其实质是通过分析文档中词语之间的共现关系，来识别潜在的主题结构。

在 LSI 模型中，词语之间的相关性表现为两个词语在语义空间中的距离。主题模型与 LSI 模型具有完全相同的输入形式，其中 PLSI 在 LSI 的基础上被提出，LSI 的主要缺陷在于无法应对一词多义问题，PLSI 从概率的角度解释了文档的生成过程，一个词语可以表达多种语义，出现在不同的主题当中。LDA 在 PLSI 的基础上，提出文档集合中主题分布的狄利克雷先验分布假设，基于贝叶斯网络推断和学习求解主题概率分布参数。

二　PLSI 模型

LSI 主要使用对矩阵进行奇异值分解的方法，但并没有严格的概率推断。一般情况下，文本集合的维度很高，单纯对主题聚类进行奇异值分解的计算代价十分昂贵，且在没有概率推断的情况下，无法表达一词多义。1999 年，Hofmann 提出概率潜在语义索引（Probabilistic Latent Semantic Indexing, PLSI），因引入概率思想，较好地应对了 LSI 无法反映一词多义的不足。PLSI 的基本思想是，假设一共有 K 个主题，文档 d 的内容是这 K 个主题的混合，满足多项概率分布：

$$Multinomial(P(z_1 \mid d), \cdots, P(z_K \mid d)), \sum_{k=1}^{K} P(z_k \mid d) = 1$$

每个主题 z 是关于词项的一个概率分布，PLSI 的生成模型如下：

i. 根据概率 $P(d)$ 选择一篇文档 d；

ii. 根据概率 $P(z \mid d)$ 选择一个主题 z，$z \sim Multinomial(d)$；

iii. 根据概率 $P(w \mid z)$ 生成一个词 w，$w \sim Multinomial(z)$。

基于以上生成过程的贝叶斯网络结构如图 2-2 所示。

PLSI 的核心根据视面模型（Aspect Model）提出，对文档中词的假设是词袋模型，即假设文档中的词是独立同分布的，其中主题变量 z 是潜在变量，根据图 2-2 中的贝叶斯网络，在已知主题 z 的条件下，词 w 和文档 d 是条件独立的。PLSI 模型最终要求得的是词

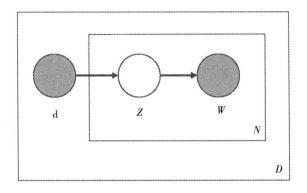

图 2 - 2　PLSI 模型的贝叶斯网络结构

语—文档对（w, d）对应主题的概率，即 P（$z \mid w$, d），通常使用期望最大化（Expectation Maximization，EM）算法求解目标函数极大似然的参数值。PLSI 的提出向构建文本的生成概率模型迈进了一大步，但不足之处是文档层面上并不能由概率模型生成，使得 PLSI 并不是一个完备的生成模型，必须在确定文档集合的情况下才能对模型进行随机抽样。

三　LDA 模型

　　PLSI 在文档层面并不能由概率模型生成的不足，催生了 LDA 模型的提出。LDA 模型，全称潜在狄利克雷分配（Latent Dirichlet Allocation，LDA）是由 Blei 等[①]于 2003 年提出的，对离散数据集（如文本集合）进行建模的生成概率模型（Generative Probabilistic Model）。LDA 是一个三层贝叶斯网络，每篇文档由若干主题以不同概率混合而成，目前在文本主题识别、文本分类以及文本相似度计算等文本挖掘问题上均有应用。

　　LDA 模型对文本集合有如下定义：① 词语（Word）是最小单位的离散数据，所有词语组成词汇表（Vocabulary），每个词语由长

---

① Blei D. M., Ng A. Y. and Jordan M. I., "Latent Dirichlet Allocation", *Journal of Machine Learning Research*, Vol. 3, Jan. 2003, pp. 993 - 1022.

度等于词汇表的0—1向量表示，目标词语对应的分量为1，其余词语对应的分量为0。② 每篇文档（Document）由一组词语序列表示。③ 语料库（Corpus）是一组文档的集合。LDA 模型不仅能预测语料库中文档的主题分布，对于与语料库文档相似的其他文档，也能得到相似的主题分布。

LDA 模型是关于语料库的生成概率模型。建模的出发点是：文档由随机混合的潜在主题组成，每个主题表示为词汇表中词语的一组概率分布。语料库 D 中一篇文档 d 的生成过程如下①：

i. 抽取一篇文档的主题分布 θ_d，θ_d 服从参数为 α 的狄利克雷分布：$\theta_d \sim$ Dirichlet (α)。

ii. 生成总词数为 N 的文档 d 中的某一个词 $w_{d,n}$ 的过程如下：

（a）从参数为 θ_d 的主题分布中抽取一个主题 $z_{d,n}$：$z_{d,n} \sim$ Multinomial (θ_d)；

（b）在主题 $z_{d,n}$ 中，从参数为 $\beta_{d,n}$ 的词项分布中抽取一个词 w_n，关于 K 个主题的主题词项分布 β_k 服从参数为 η 的狄利克雷分布：$w_{d,n} \sim$ Multinomial $(\beta_{d,n})$，$\beta_k \sim$ Dirichlet (η)。

基于以上生成过程的贝叶斯网络结构如图 2 - 3 所示：

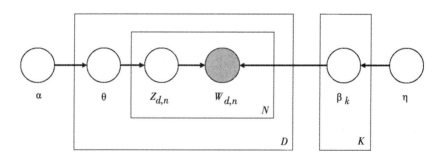

图 2 - 3　LDA 模型的贝叶斯网络结构

---

① Blei D. M. and Lafferty J. D., "Topic Models", in Ashok N Srivastava and Mehran Sahami, eds. *Text Mining*, NY: Chapman and Hall/CRC, 2009, pp. 101 - 124.

根据贝叶斯网络的表示原理，在图 2 - 3 中，节点表示 LDA 模型涉及的变量，实心节点为可观测变量，即文档中实际出现的词汇，被框在任何一个矩形内部的节点表示的是不可观测的潜在变量，而存在于矩形外部的节点为超参数（Hyperparameters）。α 为文档的主题概率分布所服从的狄利克雷先验的超参数，η 为主题的词项概率分布所服从的狄利克雷先验的超参数。矩形表示内部过程有多个实例，矩形右下角的参数表示实例的总数。在 LDA 模型中，N 为一篇文档的总次数，D 为语料库所包含的文档总数，K 为需要估计的潜在主题的总数目。有向的连边表示变量之间的条件依赖关系，设定箭头端为有向连边的末端，另一端为有向连边的始端，则末端节点所表示的变量条件依赖于始端节点所表示的变量。

文档集合中的潜在主题结构，通过与词项、主题、文档相关的两个潜在的随机变量固定下来：文档的主题分布 θ，和主题的词项分布 β。LDA 是一个典型的词袋（Bag of Words）模型，一篇文档是由一组词语构成的集合，词与词之间没有特定的先后顺序。一篇文档以不同的比例包含多个主题，文档中的每一个词都由组成文档的其中一个主题生成。

第四节　创新扩散理论

词语迁移问题的关注重点是词语在科研主题演化过程中发生的语义变化，词语语义变化本质上反映的是与词语相关的创新的扩散、演化与再创新。Rogers 于 1962 年提出创新扩散理论（Diffusion of Innovations），该理论对创新扩散的过程、主要阶段和影响因素进行了系统性的归纳，对图书情报学及传播学等领域的创新扩散研究产生了深远影响。本节对创新扩散理论要点予以概述，并就后继学者对该理论的继承与发展展开探讨。

一 创新扩散理论概述

创新扩散的实质是人与人之间的信息传播，个体通过信息媒介将一个新方法或是新观点传播给一个或多个个体。根据创新扩散的定义①，创新的扩散过程包括四个主要元素，即创新本身、传播渠道、时间和社会系统，四个要素缺一不可：（1）创新的产生是形成扩散的先决条件，创新是被个体或团体认可的观点、方法或物体，方法通常指技术创新，包括软件技术和硬件技术；（2）传播渠道决定着扩散的方式和效果，是创新扩散的媒介，分为大众传播和人际关系传播两种手段。在扩散过程中，大众传播渠道在认知阶段发挥重要作用，而在决策阶段人际关系传播才是最有效的传播渠道；（3）创新扩散研究将时间因素看作一个变量，时间因素作用于创新扩散的各个阶段，与创新采纳速度和创新采纳率的测量密切相关；（4）扩散必须发生在一个社会系统中，社会系统界定了扩散范围。一个社会系统的成员可能是个体、组织、单位，也可能是民间团体、官方机构等，社会系统的成员是相互联系的，具有某些共同的社会属性。

创新的扩散和采纳过程需要经历五个主要阶段，即认知、说服、决策、实施和确认。认知阶段是开始，个人或团体知道某项创新，结合以往经验和个人认知对该项创新产生看法或态度，识别出创新是否有价值。说服阶段，在这一阶段个人或团体会对创新形成赞同或不赞同的态度，在参与的过程中还会主动查找相关信息对创新进行评估。决策阶段，个人或团体决定是拒绝还是接受创新。实施阶段，个人或团体在做出决定之后将其想法应用到实践中，实施阶段会有明显的行为改变。确认阶段，如果碰到了与该项创新冲突的信息，或是发生某些意外的事情影响到该项创新的结果，那么决策者

---

① Rogers E. M., *Diffusion of Innovations*, 5th Edition, Simon and Schuster, 2003, p. 5.

就会对自己的决策进行判断，予以肯定或者否定。

创新扩散的采纳过程有一个重要的衡量指标，即采纳速率，如果把时间因素作为横坐标，把对应时间点的累积采纳者人数作为纵坐标，就会发现创新的采纳过程会形成一条 S 形累积曲线。在创新扩散的早期只有极少数人员会采纳，这些早期的采纳者行为会影响社会系统中的其他成员，早期的采纳者与同伴交流该项创新，接着他的同伴再继续将该项创新传播给同伴，在某个时间段内创新采纳人数会爆炸式增长，在系统内大多数人采纳该项创新后，S 形累积曲线就会趋于平缓。

二 创新扩散理论的继承与发展

在 Rogers 创新扩散理论基础上，Bass[1] 于 1969 年构建了创新扩散的 Bass 预测模型，该模型最初应用于对新消费品的扩散进行预测，随后逐渐商业化并被广泛应用于其他领域。例如，She 等[2]基于广义的 Bass 模型分析了中国八大基地的风电发展因素，Johan 和 Marcel[3] 对市场的年销售业绩进行预测，并提出了一种基于神经网络的预测法。另有若干企业如 IBM、Sears 等，通过 Bass 模型对新产品或新技术在市场中的扩散进行模拟和预测。

针对创新的采纳过程，Kwon 和 Zmud[4] 提出企业组织采纳 IT 技术的六个阶段，包括动机、采纳、适应、接受、常规化和融入，并

---

[1] Bass F. M. , "A New Product Growth for Model Consumer Durables", *Management Science*, Vol. 15, No. 5, 1969, pp. 215 – 227.

[2] She Z. Y. , Cao R. and Xie B. , et al. , "An Analysis of the Wind Power Development Factors by Generalized Bass Model: A Case Study of China's Eight Bases", *Journal of Cleaner Production*, Vol. 231, 2019, pp. 1503 – 1514.

[3] Johan G. and Marcel K. , "Forecasting Product Sales with a Stochastic Bass Model", *Journal of Mathematics in Industry*, Vol. 9, 2019, p. 2.

[4] Kwon T. H. and Zmud R. W. , "Unifying the Fragmented Models of Information Systems Implementation", in R. J. Boland and R. A. Hirschheim, eds. *Critical Issues in Information Systems Research*, NY: John Wiley & Sons, 1987, pp. 227 – 251.

指出扩散过程中最关键的是将技术创新实现市场化。Zhai 等①将扩散过程区分成五个阶段：测试和评估、实施、改进、扩展和衰退阶段。宋歌②将创新采纳速率的 S 形累积曲线划分为起步、起飞、成熟和衰退四个阶段。

Winston③从创新竞争角度对创新扩散理论做出补充，他主张创新扩散的形成基础是科学思想之间的相互竞争，许多相关理论的共同存在是发生创新扩散的前提。以电报为例，电磁学相关理论的竞争与完善是电报技术广泛传播的必要条件。此外，新技术的广泛扩散并非仅仅取决于技术上的优势，还需要一定的机遇与社会、政治和经济环境方面的刺激。

另有学者从网络结构的视角对创新扩散理论进行完善，如 Christakis 和 Fowler④提出了"社会传染理论"（Social Contagion Theory）。该理论认为社交网络中存在各种特征的聚类，人际关系对聚类的形成起到重要作用。通过大量案例研究发现，聚类关系可以延展到社会网络中的三度层级，也就是说，个人及其朋友、朋友的朋友、朋友的朋友的朋友三层之间具有统计显著的相关关系，在创新扩散过程中发挥重要作用。

---

① Zhai Y. , Ding Y. and Wang F. , "Measuring the Diffusion of An Innovation: A Citation Analysis", *Journal of the Association for Information Science & Technology*, Vol. 69, No. 3, 2017, pp. 368 – 379.

② 宋歌：《学术创新的扩散过程研究》，《中国图书馆学报》2015 年第 1 期。

③ Winston B. , *Media, Technology and Society: A History-From the Telegraph to the Internet*, Routledge, 2002, p. 19.

④ Christakis N. A. and Fowler J. H. , "Social Contagion Theory: Examining Dynamic Social Networks and Human Behavior", *Statistics in Medicine*, Vol. 32, No. 4, 2013, pp. 556 – 577.

第 三 章

科研主题的划分与确定

进行科研主题演化研究并对演化过程中词语在主题中的分布变化进行分析，首先需要从选定数据来源的文本集合中抽取待分析的科研主题。本书拟进行科研主题分析的研究领域为信息检索（Information Retrieval, IR）领域，数据使用 Web of Science 数据库收录的信息检索领域发表的文章构成文本集合，从信息检索领域的文本集合中抽取科研主题的方法使用主题模型中的 LDA 模型。

第一节　数据获取与预处理

本书选取信息检索领域的研究论文作为实证研究的数据来源。信息检索领域自产生以来，便是一个多学科交叉的跨学科研究领域，特别是将信息科学（含情报学）和计算机科学紧密结合起来。在实践上，信息检索领域的研究方法和技术工具已在极大范围的学科领域中得到了应用，除与信息科学和计算机科学相关的学科领域外，还包括医学、生物信息学等自然科学领域，以及经济学、社会学、心理学等人文社会科学领域。对于科研主题演化研究来讲，信息检索领域规模适中，其跨学科性质使得子领域或子主题之间既相互区别又相互联系，是科研主题演化研究及相关内容分析较好的一个研究对象。

一　数据获取

论文文本数据的检索来源为 Web of Science 数据库，检索的时间跨度为1956—2014 年，数据检索及存储的时间为2014 年7 月。检索词策略参考美国国会图书馆（Library of Congress）与信息检索相关的主题词列表，以及领域专家的建议，获得如下列表作为检索词[①]：INFORMATION RETRIEVAL，INFORMATION STORAGE and RE-TRIEVAL，QUERY PROCESSING，DOCUMENT RETRIEVAL，DATA RETRIEVAL，IMAGE RETRIEVAL，TEXT RETRIEVAL，CONTENT BASED RETRIEVAL，CONTENT-BASED RETRIEVAL，DATABASE QUERY，DATABASE QUERIES，QUERY LANGUAGE，QUERY LAN-GUAGES，and RELEVACE FEEDBACK。检索结果共计20359 条。文档类型包括期刊论文（Article）、书籍（Book）、书籍章节（Book Chapter）和会议论文（Proceedings Paper）。用于进行主题抽取和词语分析的文本集合主要由每篇文档的题目（字段标签 TI）和摘要（字段标签 AB）部分构成。

二　数据预处理

将 Web of Science 数据库下载的论文题录数据分字段存储为 MySQL 数据库格式，并对每篇文档进行编号作为数据库中的主键，从数据库的存储数据中抽取文档的出版年份（字段标签 PY）、题目（字段标签 TI）和摘要（字段标签 AB）数据，构成初始语料库，如表3 –1 所示。

---

① Xu J.，Ding Y. and Malic V.，"Author Credit for Transdisciplinary Collaboration"，*PloS One*，Vol. 10，No. 9，2015，p. e0137968.

表 3 - 1　　　　　　　　　　　　　初始语料示例

Doc id	Year	Title	Abstract
11597	2012	Content-based image retrieval using the combination of the fast wavelet transformation and the colour histogram	In this study, an attempt has been made to study an image retrieval technique based on the combination of Haar wavelet transformation using lifting scheme and the colour histogram (CH) called lifting wavelet-based colour histogram. ... The experimental results indicate that the proposed technique outperforms the other schemes, in terms of the average precision, the average recall and the total average precision/recall.

对原始语料中的标题和摘要统一为小写字母，去除标点符号，对每一个词语做词干化（Stemming）处理，目的是统一相同词语的不同词形，如单复数、主动被动形式、过去时和现在时等。词干化处理算法使用 English（Porter2）Snowball Stemmer①，词干化处理示例如表 3 - 2 所示。

表 3 - 2　　　　　　　　　　　　词干化处理示例

word	stem	word	stem
consist	consist	knee	knee
consisted	consist	kneel	kneel
consistency	consist	kneeled	kneel
consistent	consist	kneeling	kneel
consistently	consist	kneels	kneel
consisting	consist	knees	knee
consists	consist	knell	knell
consolation	consol	knelt	knelt
consolations	consol	knew	knew
consolatory	consolatori	knick	knick
console	consol	knif	knif
consoled	consol	knife	knife

---

① Porter M., "The English (Porter2) Stemming Algorithm", (Sep. 2014), http://snowball. tartarus. org/algorithms/english/stemmer. html.

对文本语料去除停用词。停用词表参考目前对信息检索领域相关研究采用的停用词列表①，包括普通停用词如 AND、ABOUT 等，以及信息检索领域的上位类词汇，如 INFORMATION、RETRIEVAL等。长度为 1（只有一个字母）的词语和出现频次小于五次的词语，也做删除处理。

第二节　文档建模与参数设定

经过数据预处理后，每篇文档即是一个词袋（Bag of Words），词袋模型的前提假设是，词与词之间没有特定的先后顺序，文档中的词语是独立同分布的。LDA 主题模型在词袋假设的基础上实施，实施 LDA 模型进行的文本集合主题抽取过程可以分为三个部分进行描述，分别为：模型输入、模型运算和模型输出三个部分。

一　模型输入

LDA 模型的基本假设是词袋（Bag of Words）模型。词袋假设指的是，每篇文档是由一组词构成的一个集合，词与词之间没有相互关系，且具有相同的权重，就好像被随机无序地放入了一个"袋子"里。经过预处理的文本语料，每行表示一篇文档，每篇文档对应一个词袋。LDA 模型接受的输入数据为文档—词项矩阵，词项表示为数字编号，通常为字典中的索引，文档—词项矩阵中的元素为自然数，表示对应编号的词语在文档中出现的频次。

文档—词项矩阵表示的是语料库中文档与字典的对应关系。字典是语料库中不重复的词语的索引，每个词语对应一个索引序号。

---

① Yan E. , Ding Y. and Milojević S. , et al. , "Topics in Dynamic Research Communi-ties: An Exploratory Study for the Field of Information Retrieval", *Journal of Informetrics*, Vol. 6, No. 1, 2012, pp. 140 – 153.

本书使用 Python 语言的 Gensim① 库进行字典编辑和文档—词项矩阵的生成。举例说明字典和文档—词项矩阵的生成过程，例如，现有表示为列表格式的文档如下：

["Human machine interface for lab abc computer applications",

"A survey of user opinion of computer system response time",

"The EPS user interface management system",

"System and human system engineering testing of EPS",

"Relation of user perceived response time to error measurement",

"The generation of random binary unordered trees",

"The intersection graph of paths in trees",

"Graph minors IV Widths of trees and well quasi ordering",

"Graph minors A survey"]

去除停用词后，生成的字典形式如下：

{ 'minors' : 11 , 'graph' : 10 , 'system' : 5 , 'trees' : 9 , 'eps' : 8 , 'computer' : 0 , 'survey' : 4 , 'user' : 7 , 'human' : 1 , 'time' : 6 , 'interface' : 2 , 'response' : 3}

此字典表达的含义是，上述文本在去除停用词后，所生成的字典中共包括 12 个不重复的词语（编号 0 到 11），每个词语对应一个索引键值，也就是每个词语冒号后方的数字，如 graph 对应的索引值为 10。这样的索引值与词语的对应关系即为一个语料库的字典。本研究使用的信息检索领域论文语料，在数据预处理后（上节有详述，包括去除停用词、去除出现次数小于五次的词语等），得到 6580 个不重复的关键词。由这些关键词生成最终的语料字典，每个词对应一个索引值，字典长度为 6580。

---

① Rehurek R. and Sojka P. , "Software Framework for Topic Modelling with Large Corpora", Proceedings of the LREC 2010 Workshop on New Challenges for NLP Frameworks, Valletta, Malta, May 22, 2010.

字典生成后，即可计算文档与字典的对应关系，从而生成文档—词项矩阵。使用上述文本生成的包含 12 个不重复关键词的字典，假设现有一篇新的文档：

［"Human computer interaction"］

这篇文档对应字典生成的词袋如下：

［(0, 1), (1, 1)］

上述词袋表示的含义是，字典中索引值为 0 的词 computer 在这篇文档中出现了 1 次，字典中索引值为 1 的词 human 在这篇文档中出现了 1 次。Interaction 一词不在字典中，不予计算。

将语料库中的每篇文档都表示为词袋形式，整合起来即为文档—词项矩阵，如表 3 - 3 所示。

表 3 - 3   文档—词项矩阵示例

	Word A (0)	Word B (1)	Word C (2)
Doc 1	0	0	1
Doc 2	1	1	0
Doc 3	0	1	0

注：括号中数字对应词语在字典中的索引值。

表 3 - 3 假设语料库中一共有三篇文档，字典中有三个词语，词 A、B、C 依次对应的字典索引值为 0、1、2。矩阵数值表示对应列的词语在对应行的文档中出现的次数。将表 3 - 3 矩阵还原为词袋形式为：

［(2, 1)］

［(0, 1), (1, 1)］

［(1, 1)］

根据如上文档—词项矩阵的转换过程，将语料库中全部 20359 篇文档的文本数据转换为矩阵数据，作为 LDA 模型运算的初始输入。

二　模型运算

LDA 模型从文本集合中抽取主题的算法是一种无监督的概率主题发现算法，不需要事先输入背景信息或人工标注标签，而能够自动地发现文档集合中的潜在主题结构。LDA 模型运算的核心假设是，一篇文档由若干主题按照一定的概率分布混合而成，同时每个主题可以表示为关于字典词项的一组概率分布[①]。

记语料库 $D = \{d_1, d_2, \cdots, d_M\}$ 共包含 M 篇文档，文档 d 由总词数为 N 的一组词语构成 $w = (w_1, w_2, \cdots, w_N)$。语料库中共有 K 个潜在主题。记文档 d 中第 i 个词 w_i 的主题变量为 $z_i \in \{1, \cdots, K\}$，w_i 出现的概率表示为：

$$P(w_i) = \sum_{j=1}^{K} P(w_i \mid z_i = j) P(z_i = j)$$

其中，$P(w_i \mid z_i = j) = \beta_{ij}$ 服从主题关于词项的多项分布，表达词语 w_i 在主题 j 中出现的概率。$P(z_i = j) = \theta_j$ 服从文档关于主题的多项分布，表示在特定的一篇文档中，主题 j 所占有的概率。后验参数 β 和 θ 服从多项分布，其先验共轭为狄利克雷分布，它们的狄利克雷先验参数分别为 η 和 α。

使用 Gensim 库中的 LdaModel 类实施 LDA 模型运算，训练参数采用 Gensim 推荐的标准值，参数设定如下（*alpha* = ' *symmetric*'，*eta* = *None*，*decay* = 0.5，*offset* = 1.0，*eval_ every* = 10，*iterations* = 500，*passes* = 10，*minimum_ probability* = 0，*random_ state* = *None*）。alpha 和 eta 分别对应 LDA 模型中的超参数 α 和 η，它们分别影响着文档主题概率分布（θ）和主题词项概率分布（λ）的稀疏程度，设定为 symmetric 表示其先验值等于（1.0/主题数）。decay 和 offset 分别对应参数 κ 和 τ_0，二者共同控制着主题词项概率分布的更新速率。

[①]　Blei D. M., "Probabilistic Topic Models", *Communications of the ACM*, Vol. 55, No. 4, 2012, pp. 77 – 84.

eval_ every 控制计算文档困惑度（Perplexity）的频率。iterations 表示变分推断（Variational inference）的迭代次数，passes 控制每次传递的文档数量（passes 值越小，传递数量越多）。minimum_ probability 设为 0 表示保留所有主题的概率分布（无论多小）。random_ state 默认生成 numpy. random. RandomState 对象。

三 模型输出

在 LDA 得到的训练结果中，每篇文档表示为关于特定数目主题的一个概率分布，即文档的主题概率分布。每个主题又表示为关于字典中所有词项的一组概率分布，即主题的词项概率分布。举例说明 LDA 模型的输出内容，假设下列五个句子分别代表五篇文档：

①I like to eat broccoli and bananas.

②I ate a banana and spinach smoothie for breakfast.

③Chinchillas and kittens are cute.

④My sister adopted a kitten yesterday.

⑤Look at this cute hamster munching on a piece of broccoli.

运行 LDA 模型对这五篇文档构成的语料库进行主题抽取，假设抽取的主题数设定为两个，得到如下两部分结果，首先是文档—主题概率分布：

·文档1 和文档2：100% 主题 A

·文档3 和文档4：100% 主题 B

·文档5：60% 主题 A，40% 主题 B

第二部分为主题—词项概率分布：

·主题 A：30% broccoli, 15% bananas, 10% breakfast, …

·主题 B：20% chinchillas, 20% kittens, 20% cute, …

文档—主题概率分布中，每个主题对应的概率可以看作这一主题对文档内容的贡献。相应地，主题—词项概率分布中，每个词语对应的概率可以看作这一词语对主题内容的贡献。由上例中的 LDA 模型输出结果可以清晰地得到关于每篇文档内容的主题分布情况，以及每个主题所对应的主要内容。主题 A 的内容主要是关于食物，主题 B 的内容主要是关于可爱的小动物。

　　LDA 模型抽取的主题数为预先设定，主题数目的选取原则受到学界长期以来的开放讨论。困惑度指标（Perplexity）是目前应用较为广泛的确定最优主题数的方法，其结果值通常在 80—100。本研究的数据样本来自信息检索领域，结合该领域顶级会议的主题覆盖量，以及对现有信息检索领域主题研究的文献调研结果，可知能够较好地描述信息检索领域结构和演化的主题数目在 5—10。基于困惑度指标的 80—100 范围对本研究来说数量过大，不适宜应用。

　　经过对不同主题数抽取结果的凝聚性（Coherence）测试，在 5—10 的范围内，当主题数等于 5 时，表现出最佳的凝聚性。凝聚性测试依据 Chang 等[①]提出的操作步骤进行人工判断。

　　综上所述，考虑本研究调研领域的数据规模，以及对信息检索领域主要科研主题进行考察的研究目的，本研究就语料库中的 20359 篇文档共抽取 5 个主题，作为演化研究和词语分析的主要对象。

第三节　结果分析

　　表 3 - 4 分别给出了 5 个主题对应概率最高的前 10 个词语。结合每个主题下概率值排在前 50 位的词语，以及文档主题概率分布中，各主题下概率值排在前位的文档内容，对 5 个全局主题的研究内容概述如下。

---

　　① Chang J., Gerrish S. and Wang C., et al., "Reading Tea Leaves：How Humans Interpret Topic Models", in Y. Bengio, D. Schuurmans and J. D. Lafferty, et al., eds. *Advances in Neural Information Processing Systems* 22, Curran Associates, 2009, pp. 288 – 296.

表3-4 主题抽取结果节选（前10位高概率词语）

Topic 1 User Study	Topic 2 Image Retrieval	Topic 3 Database Querying	Topic 4 Query Processing	Topic 5 Text Retrieval
research	image	query	query	document
user	feature	data	data	text
data	content	database	network	user
design	similarity	language	algorithm	relevance
library	visual	relational	time	term
web	music	semantic	index	query
find	learn	integration	distributed	web
analysis	algorithm	structure	optimize	evaluation
medical	object	object	computing	rank
access	color	knowledge	tree	word

主题1（Topic 1）的内容可以总结为用户研究，具体包括用户的线上信息搜寻行为（Online Information-seeking Behavior），学术用户对数字图书馆（Digital Library）的使用，数字信息资源组织与检索，用户信息需求，特别是在医学健康信息检索中的用户需求分析。主题2（Topic 2）的内容专注于图像检索（Image Retrieval），以及其他多媒体检索（Multimedia Retrieval）。主题3（Topic 3）和主题4（Topic 4）都与查询语言（Query Language）相关，主题3的侧重点在传统的数据库查询（Database Querying）；主题4则更关注查询处理（Querying Processing）技术和效率，尤其关注应用于空间网络（Spatial Networks）和通信网络（Communication Networks）中的分布式查询处理（Distributed Querying Processing）技术。主题5主要与文本检索（Text Retrieval）相关，研究对象为非结构化文档（Unstructured Documents），研究内容包括文档索引（Document Indexing），网络搜索引擎设计与评价，检索式处理问题，如短语消歧（Term Disambiguation）、查询扩展（Query Expansion），以及跨语言检索（Cross-language Retrieval）等。

第四节　本章小结

本章基于 LDA 主题模型对科研文献构成的文本数据集进行了主题抽取和分析。选取的研究样本为信息检索领域的研究论文，数据来源为 Web of Science 数据库，时间检索跨度为 1956—2014 年，检索结果共计 20359 条文献数据。

用于抽取科研主题的文本语料由每篇文档的题目和摘要构成，经过数据清洗和预处理后，每篇文档生成一个词袋，LDA 算法在词袋模型的基础上实施，共抽取五个主题。

主题 1 的研究范畴为用户研究，包括用户线上信息搜寻行为，学术用户数字图书馆使用情况，数字信息资源组织与检索和用户信息需求分析等内容，其中，用户对医疗健康信息的检索需求得到了特别的关注。主题 2 的研究范畴以图像检索为重点，也涉及其他多媒体检索类型，如音乐检索和视频检索。主题 3 和主题 4 的研究内容均与查询语言的设计和实施相关，主题 3 侧重数据库系统中的传统的查询语言设计与处理，主题 4 侧重空间网络和通信网络中的分布式查询，在研究内容上更为关注查询处理的效率和时间复杂度的优化问题。主题 5 的研究范畴在于文本检索，研究对象主要为互联网环境中的非结构化文档，研究内容涉及文档索引、网络搜索引擎设计与评价、检索式挖掘与扩展，以及跨语言信息检索等问题。

第 四 章

科研主题的演化过程

　　科研主题演化过程反映的是主题从内容到结构随时间的变化情况。理解科研主题演化过程中发生的变化，对于科研人员进行领域内容分析，促进创新和知识交流具有重要意义。这些变化涉及多种主题结构和主题内容的特征，现有研究主要关注单一主题的内容随时间的变化，对于主题的生长趋势、发展阶段、主题内部与主题之间的分化融合和知识交流的考察比较欠缺。针对现有研究的不足，本章总体围绕两大方面对科研主题的演化过程进行考察。其一为科研主题的生长趋势，探讨主题在不同时间点的活跃程度的变化，识别主题演化过程中收缩或扩张的关键转折点。其二为科研主题的演化动态，包括主题在各个时期主题内部知识的分化及整合，主题之间的知识交流情况，以及各主题在不同时期所对应的发展阶段分析。

第一节　科研主题的生长趋势

　　科研主题的生长趋势表现为主题在不同时期的活跃程度。对于活跃程度最简单的表示方法是计算每一年目标主题的发文量，根据每篇文章所带有的时间标签（通常为发表年份），主题的活跃程度表示为每个时间标签下归属于这一主题的文献数量。对于文献内容的主题归属问题，即对文档主题结构的判断，20 世纪 90 年代以前（1970—1990），通过专家以人工识别文档的主题内容为主。90 年代以后，随着学术数据库资源（如 Science Citation Index 和 Elsevier Scopus 等）的开发，学术搜索引擎（如 Semantic Scholar 和 Microsoft Academic 等）的发展，部分研究对文献的主题归属判断直接采用数据库中给定的主题标签。人工识别文档主题的缺陷是只能针对小数据量，应对如今学术资源的数据量是不可能完成的任务。沿用数据库的主题标签的主要弊端是数据库标示的主题标签多是出于检索和存储考虑，而非分析和研究考虑，未必与学科结构实际的主题领域相适应，缺少灵活性。

现有主题活跃度的表示方法，主要是给一篇文章分配一个主题，然后根据文章的出版年份标签，计算每个主题每一年所包含的文章数①。这样做的不足之处是，一篇文章只能为一个主题在当年的活跃程度做出贡献，部分研究中一篇文章可以被标示多个主题，即使这样，这篇文章也是以均匀的比例分布在各个主题当中。实际上，一篇文章通常由几个主题混合而成，且在各个主题当中的分布是不均匀的。

主题模型正是能够保留一篇文档以不同比例由若干主题混合而成这一特性的主题识别方法。主题模型的提出为文档主题的自动识别和测度主题活跃度以分析主题生长趋势提供了优化的方法和视角。

从现有研究来看，科研主题的生长趋势研究大多还停留在对每个主题下的文献数量进行计数的方法上。这一方法忽略了一篇文档以不同比例由若干主题混合而成的特性，一篇文档只能归属于一个主题，或者均匀地贡献于多个主题。本节基于 LDA 主题模型的输出结果，进行科研主题生长趋势分析。研究目标是，在保留一篇文档以不同比例贡献于各个主题的特性的基础上，测量信息检索领域的五个重要主题（已在第三章中抽取完毕）在各个年份下的活跃程度，

---

① Börner K. , Chen C. and Boyack K. W. , "Visualizing Knowledge Domains", *Annual Review of Information Science and Technology*, Vol. 37, No. 1, 2003, pp. 179 – 255.

绘制科研主题生长趋势图谱，分析主题在不同时期收缩或扩张等生长趋势以及主题发展演化过程中的关键转折点。

一 历时主题活跃度探测

本节基于 LDA 主题模型训练得到的文档—主题概率分布矩阵，对不同年份的主题活跃程度进行表示，说明如下。

文档—主题概率分布的结果示例如表 4-1 所示。每行表示一篇文档，每列对应一个文档属性，包括文档编号（Document id）、出版年（Year），以及文档内容在五个主题中的概率分布。

表 4-1　　　　　　　　　　文档—主题概率分布矩阵

Document id	Year	Topic 1	Topic 2	Topic 3	Topic 4	Topic 5
1932	2009	0.995074	0.001227	0.001237	0.001231	0.00123
2377	2008	0.001687	0.001706	0.001707	0.001724	0.993177
3203	2007	0.001544	0.00155	0.001538	0.993822	0.001545
4492	2006	0.001391	0.994402	0.001409	0.001403	0.001395
6025	2013	0.001592	0.001557	0.001568	0.001576	0.993707
9820	2002	0.001349	0.001365	0.994552	0.001368	0.001365
17063	2012	0.001539	0.001528	0.001554	0.993849	0.001529
19592	2010	0.001337	0.994634	0.001344	0.001341	0.001343
20114	2010	0.995358	0.001158	0.001162	0.001159	0.001164
20233	2010	0.001484	0.00151	0.994015	0.0015	0.001491
…	…	…	…	…	…	…

计算每一年各主题的活跃度，需要聚合相同年份文档的主题概率分布，过程如图 4-1 所示。图中左侧表格为原始的各文档的主题概率分布数据，将左侧表格中，年份相同的文档的各主题概率对应相加，例如，假设有两篇文档，文档 1 和文档 2，则文档 1 的主题 1 的概率与文档 2 的主题 1 的概率相加，文档 1 的主题 2 的概率与文档 2 的主题 2 的概率相加……依此类推，得到右上表格。右上表格统计的是相同年份文档的主题概率相加后，每个主题在不同年份所占的

权重值。为方便不同年份之间的纵向比较，对每一年的主题权重新进行标准化，将右上表格中每一行的每一个元素除以该行的加和（即当年出版的文献总数），得到右下表格。右下表格中的数值表示的是，在对应的年份下的文档集合中，各个主题所占有的内容比重，即主题活跃度。以右下表格中第一行第一列的数值 0.2027 为例，它表示在 2007 年的所有文档内容中，约有 20.27% 的内容与主题 1 相关，主题 1 在 2007 年的活跃度为 0.2027。

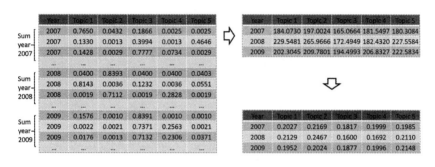

图 4 - 1   主题活跃程度的计算过程

二　生长趋势分析

图 4 - 2 给出了信息检索领域五个重要主题的历时生长趋势。每一年各个主题的活跃程度（Popularity）由对应主题在该年份下所占有的内容比例表示。图 4 - 2（a）和图 4 - 2（b）分别为同一组生长趋势数据的两种表现形式。图 4 - 2（a）中，"主题流"的宽度与主题的活跃程度相对应。图 4 - 2（b）中，主题流的宽度依然与主题活跃度相对应，同时，主题流的纵向位置表示在同一年份中的主题活跃度的排名，在当年的五个主题中互相比较，主题活跃度越高的主题越接近于顶端位置。

需要注意的是，图 4 - 2（b）中，相同主题在不同年份的纵向位置是没有进行比较的意义的，比如主题 x 第（$n+1$）年的主题活跃度高于第 n 年的主题活跃度，但在第 n 年与其他主题进行比较时活跃度排名第二，而第（$n+1$）年与其他主题比较时排名第一，那么即使在第（$n+1$）年的主题活跃度比第 n 年有所下降，其在第（$n+1$）年的纵向位置也比第 n 年升高了。因此，某一主题与自身相比较的主题活跃度的变化，主要通过观察图 4－2（a）来分析，图 4－2（b）则用于分析五个主题之间的变化比较。两图综合起来，共同观察所有全局主题在时间轴上横向及纵向的生长趋势变化。

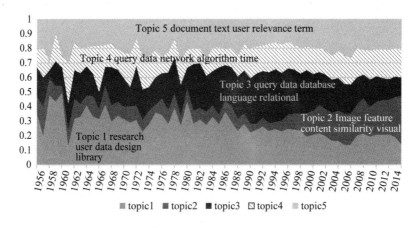

（a）

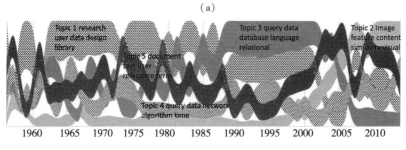

（b）

图 4－2　主题生长趋势

　　五个主题的历时活跃度各自围绕在 0.2 上下浮动，这五个主题为信息检索领域的重要研究范畴，在整个领域中各有一席之地，共同支撑起信息检索研究的重点问题，因此在总体的趋势上趋于势均力敌，0.2 这个数值即占有率加和的 1 除以主题数 5 得到的平均份额（1/5 = 0.2）。虽然在整体趋势上各主题有相似的浮动基准线，但在生长的变化趋势上有较大的差异。

主题 1（用户研究）和主题 3（数据库查询）随着时间的推移表现出收缩和下降的趋势。用户研究主题在 20 世纪 60 年代一度活跃，随后在 1961 年有一个明显的下降趋势，但之后重新恢复了活跃度并维持在较高的水平，90 年代之后活跃度逐步下降。数据库查询主题在 20 世纪 90 年代十分活跃，但从 1994 年开始逐步衰退。

主题 2（图像检索）表现为明显的扩张和上升趋势，该主题从 1995 年开始兴起，并持续扩张，主题活跃度的上升趋势明显，且 2010 年以后活跃度仍在攀升。主题 4 和主题 5 基本平稳发展，但平均活跃程度主题 5 要高于主题 4，主题 4 在 2000 年后稍有上升，主题 5 在主题 1 和主题 3 收缩期间活跃度开始增强，2005 年前后得到了较多的关注。

第二节　科研主题的演化动态

一个学科领域由若干主题组成，每个主题在演化过程中，其主题本身发生知识的整合和分化，形成主题内部知识结构的分化与融合。同时，主题之间也会发生知识交流，主题间互相影响，一个主题可能从另一个主题引入知识，并向另一个主题输出知识。相同主题在不同的时期，体现不同的发展阶段，对科研主题演化动态的分析，还包括对主题是否发展成熟、正在发展中或处于衰落期的判断。

目前科研主题演化研究主要考察相同主题在不同时期内容上的变化，对科研主题的分化融合问题、主题之间的知识交流情况，以及领域重要主题在不同时期的发展阶段或发展状态问题的分析十分不明确。本节对科研主题演化动态进行识别和分析，针对目前研究对于主题分化融合、知识交流和发展阶段问题分析不明确的不足，主要考察以下内容：

（1）信息检索领域五个重要主题在时间轴上的分化与融合情况。

（2）信息检索领域五个重要主题在演化过程中的知识交流情况。

（3）信息检索领域五个重要主题在不同时期的发展阶段识别与分析。

一   基于主题相关关系的演化动态探测

为区分五个主题在不同时期的演化情况，本书将 1956—2014 年整体的文本语料每五年（除第一阶段）划分一个时间段，总共划分为六个时间窗口，分别为：1956—1990 年、1991—1995 年、1996—2000 年、2001—2005 年、2006—2010 年和 2011—2014 年。上述时间窗口的划分根据是，在确保每个时期包含充足的文本信息用于演化分析的同时，尽量减小时间窗口，使得能够尽可能细致地展现信息检索领域重要主题的演化动态。此外，本书对于时间窗口的划分与其他关于信息检索领域的主题分析文章基本保持一致[1]。

对于每个时间窗口中的文档集合，再使用 LDA 主题模型抽取若干主题。为便于区分，将从某个时间窗口的文档集合中抽取的主题称为局域主题，将信息检索领域整体上的五个重要主题称为全局主题。

（一）主题相关性计算

全局主题的分化融合情况由不同时间段内的局域主题的分化融合来反映，这需要考察两个方面的相关性：一是在特定时间段内的局域主题与全局主题的相关性，为的是判断由指定局域主题参与的分化融合代表着哪些全局主题在这一时期的活动；二是相邻两个时间段内的局域主题之间的相关性，为的是判断局域主题之间的分化与融合关系。

对主题之间相关性的判断，现有研究分为两个方向：一是主题之间的条件依赖关系；二是主题之间词项的分布相似性。条件依赖关系在主题演化模型中使用较多，如 DTM 和 TOT 模型，但是得到的演化结果多为线性演化，即主题在时间轴上沿着一条无分支的故事

---

[1]   Ding Y. , "Topic-based PageRank on Author Cocitation Networks", *Journal of the Association for Information Science and Technology*, Vol. 62, No. 3, 2011, pp. 449 – 466.

线发展，模型主要关注的是不同时期主题内容的变化，即不同时期代表相同主题的不同的词语集合。本书研究的主题演化侧重主题之间的分化融合与知识交流，因此选择基于主题之间词项分布的相似性计算主题相关性。

选取余弦相似性（Cosine Similarity）计算两个主题的词项概率分布的相似程度，由此判断两个主题的相关性。这两个主题或者是一个全局主题一个局域主题，或者是分别处于相邻时间段中的两个局域主题（每个时间段一个局域主题）。每个主题下等同于字典长度的词项概率分布可看作一个稀疏向量，余弦相似性指标在测量稀疏向量相似度时，能够较好地突出排名前列的高概率词语，并弱化低概率词语产生的噪声影响。因此选取余弦相似性指标对主题—词项概率分布对应的稀疏向量进行相似度计算。两个概率分布 a 和 b 之间的余弦相似性的计算公式如下：

$$S_{ab} = \frac{a \cdot b}{\|a\| \|b\|} = \frac{\sum\limits_{i=1}^{n} a_i \times b_i}{\sqrt{(a_i)^2} \times \sqrt{(b_i)^2}}$$

在本研究训练的 LDA 模型中，a 和 b 分别是两个主题的词项概率分布，可以看作长度等于词典长度的两个等长向量，向量的分量为每个词在该主题下对应的概率值，计算主题 a 和主题 b 之间的相似性，即计算由词项概率分量组成的主题向量之间的相似性。分子为 a 和 b 的内积（Inner Product），等于 a 和 b 的对应位置的分量相乘再加和；分母为 a 和 b 的范数（Norm）的乘积，等于 a 和 b 各自分量平方和开根号之后再相乘。

（二）知识流的表示

局域主题和局域主题之间的相关关系，用于表示局域主题之间的分化融合情况。局域主题与全局主题之间的相关关系，用于表示全局主题的演化过程与哪些局域主题相关联。局域主题之间的分化与融合潜在表达的是局域主题之间的知识交流活动：分化表示着前一阶段的某一个局域主题的知识流向并影响了后一阶段的多个局域主题，融合表示前一阶段的多个局域主题中的知识，流入并整合到了后一阶段的某一个局域主题中。与此同时，全局主题之间的知识交流活动可以由相同局域主题与不同全局主题所具有的不同的相关性来反映。具体如图4-3所示。

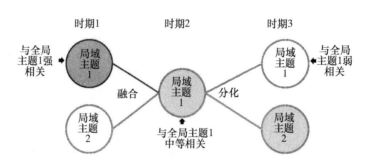

图4-3　基于主题相关关系的知识流的表示

在图4-3中，我们首先选定一个目标的全局主题，假设选择主题1用户研究。然后计算各个时间窗口中的局域主题与用户研究这一主题的余弦相似性（方法如上节所述）。在LDA模型的训练结果中，每个主题均表示为长度等于字典长度的一组词项概率分布，计算两个主题相似性，即计算两主题对应的词项概率分布的相似性。两个主题相似性的取值范围为 [0, 1]，本研究主要考察相似性大于0.5的主题相关关系，并将大于0.5的相关关系划分为三个阈值区间，分别是（0.5, 0.65]、（0.65, 0.75] 和（0.75, 1]，分别表示弱相关、中等相关和强相关。最初本研究对相关性区间的划分为（0.5, 0.65]、（0.65, 0.80] 和（0.80, 1]，计算过程是用（1—0.5）除以3约等于1.67，将区间长度取为0.15得到原始的（0.5, 0.65]、（0.65, 0.80] 和（0.80, 1] 三个区间。但在进行数据分析之后发现，有若干主题之间的相似度介于0.77—0.79，在余弦相似性的计算中，0.77—0.79的相似性与0.80的相似性基本可以被同等看待，这样的主题相关强度也应被归类于强相关阈值当中，由此形成最终的阈值划分，即（0.5, 0.65]、（0.65, 0.75] 和（0.75,

1］，分别表示主题之间弱相关、中等相关和强相关。

在图4–3中，不同的相关性强弱程度由不同的颜色代表，白色代表弱相关，浅灰色代表中等级相关，深灰色代表强相关。由局域主题之间的相关关系，可以反映相邻时间窗口中局域主题之间的分化与融合情况；局域主题和全局主题之间的相关关系由圈住局域主题的圆圈表示。如果在某一时间段内，一个或多个局域主题与全局主题呈现强相关关系，说明全局主题在这一时期进入了发展较为成熟的阶段；如果局域主题与全局主题仅为弱相关（或中等相关），说明对应的全局主题尚在发展中，或者处于变革期，又或正在走向衰亡。

对于每个时间窗口抽取的局域主题数目的选定，在选定过程中试验了不同的主题数目，根据识别主题的凝聚程度和各时间窗口所包含文档的数据规模，选择对每个时间窗口的文本集合抽取 10 个局域主题。

（三）演化过程抽取

为识别全局主题在不同时期所达到的发展阶段，以及全局主题演化过程中与之相关的不同时期的局域主题的分化融合和知识交流情况，演化过程的抽取主要侧重两点：首先需要识别全局主题的第一个发展成熟期，作为其演化过程中的分水岭。由这个时间点出发，识别主题由产生到成熟过程中的分化融合和知识交流情况，以及发展成熟后继续演化的发展走向。具体抽取过程如下：

第一，选定一个全局主题，找到跟这个全局主题强相关（外圈为深灰色）的第一个（在时间轴上最早的）局域主题。如果最早有多个同一时期的局域主题均与该全局主题强相关，则对这些局域主题均予以保留。

第二，记第一个强相关局域主题所在时间段为第 T（T = 1，2，…，6）个时期，考察该局域主题与（T–1）时间段中的局域主题之间的相关性，根据相关性阈值区间（白色，浅灰色，深灰色）标示出与该局域主题与（T–1）时间段内局域主题之间的知识流。然后考察（T–1）时间段中局域主题与（T–2），依同样的规则标示出知识流，直至抵达第一个时间段 1956—1990 年。

第三，考察 T 时期局域主题与（T＋1）时期局域主题的相关性，根据相关性阈值区间标示知识流。然后考察（T＋1）时期局域主题与（T＋2）时期局域主题的相关性，标示知识流，直至抵达最后一个时间段 2011—2014 年。

（四）敏感性测试

全局主题数目的选取和时间窗口的设定对本研究的演化分析结果具有关键影响，因此对主题数目和时间窗口变化进行了敏感性测试，以考察不同全局主题数目和时间窗口设定下，演化动态分析结果的有效性。

当全局主题数设定为 4 时，原本 5 主题抽取结果中的主题 3 和主题 4 融合为一个主题，其余主题基本保持不变。新的融合主题表现为主题 3 和主题 4 内容的混合，原本与主题 3 和主题 4 强相关的局域主题，依然与融合后的全局主题保持强相关性。当全局主题数的设定值大于 5 时（不含 5），多抽取出的主题内容相对分散，凝聚性较低，高概率词语的主题专指性较弱，例如，算法（Algorithm）、测量（Measure）、学习（Learn）等。同时，原本抽取的 5 个主题，依然出现在主题数增加后的抽取结果中，并且表现出与原本演化过程分析结果相似的分化与融合结构。

当时间窗口长度增加时（例如增长至 6 年），划分得到的时间段相应减少，演化结构随之简化，原本时间窗口下可以呈现的分化融合情况产生了部分丢失，导致主题演化路径的呈现较为封闭；但全局主题在不同时期所表达的发展阶段，与 5 年时间窗口的分析结果保持一致。相对地，时间窗口长度减小时，时间段增加，局域主题间的分化融合情况展现得更为具体，但由于每个时期文本数据量的减少，局域主题的凝聚性下降；同时，全局主题在不同时期的发展阶段依然保持稳定呈现。

综上所述，在主题数目和时间窗口变化的情况下，信息检索领域在不同时期的发展阶段及局域主题间的分化融合保持了较好的一致性和稳定性。即使在主题数目和时间窗口发生变化时，关于全局主题间的知识交流活动和发展阶段均可得到相似的分析结果。

二 演化动态分析

各主题的分化融合与知识交流情况如图4-4中的演化图谱所示。由于每个时期的局域主题与各个全局主题之间的相似度各不相同，各个全局主题的演化过程需要分开展示。相同局域主题与不同全局主题之间不同的相似度，可以表达全局主题之间的知识交流关系。例如，主题1用户研究中，1991—1995年的局域主题2和主题7的主要内容均围绕文档索引和文本检索，二者与主题5文本检索的相似度要高于与主题1用户研究的相似度，但1991—1995年的局域主题2和局域主题7依然出现在全局主题1的演化图谱中，说明用户研究这个主题最初起源于文本检索领域，受到文本检索领域相关研究问题的启发和影响，知识具有从主题5文本检索向主题1用户研究流动的知识交流方向。

为了重点显示主要的分化融合知识流动情况，当某个局域主题与前一时期或后一时期中的局域主题具有强或中等的知识流时，演化图谱会省略这个主题与其他主题之间的弱等级知识流。局域主题周围的虚线圆圈表示这个局域主题与对应的全局主题之间的相似度小于0.5。演化图中涉及的局域主题中的高概率词语，如表4-2所示。

全局主题1的研究范畴是用户研究，包括线上信息搜寻行为、学术用户对图书馆电子资源的使用、用户信息需求（特别是对医疗健康信息的需求分析）等。根据局域主题与全局主题1用户研究的相似度计算，第一个达到强相关的局域主题出现在2001—2005年这一时期。也就是说，用户研究这一主题在2001—2005年这个时期进入发展的成熟期。

1996—2000年时间段，互联网的兴起促进了信息检索领域的发展，互联网用户对于线上信息资源和信息系统的使用情况受到关注，开始成为一个独立的领域。这一时期的局域主题（局域主题2：user-document-web-relevance-research；局域主题7：knowledge-learn-

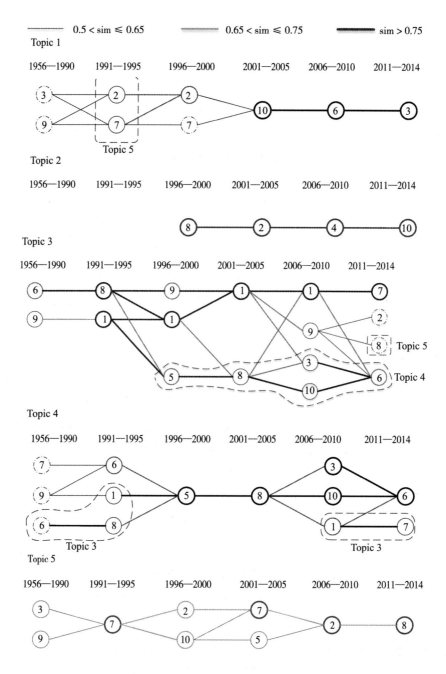

图 4 - 4   主题演化图谱

case-user-network）开始关注用户的检索需求，并且尝试基于用户体验对信息检索系统和网络搜索引擎进行系统性的评估实验。图书馆资源逐渐由传统的纸质收录向电子资源转型，学术用户对电子资源的使用情况受到广泛关注。在用户信息需求的研究中，医疗健康信息检索需求是最主要的一个子领域，若干研究对精准健康信息检索（Accurate health information retrieval）、智慧医疗信息过滤（Intelligent medical information filtering）等问题展开了分析。

2001—2005 年时间段，全局主题 1 用户研究进入成熟期，该阶段研究延续上一时期的用户需求分析，对网络搜索环境下和图书馆电子资源环境下的用户检索情况均有考察，但相较于 1996—2000 年，更加关注信息系统与用户的互动情况。医疗健康信息检索开始引入病患护理，信息系统逐步向临床决策支持（Clinical decision support）的方向发展。

在接下来的两个时间段（2006—2010 年和 2011—2014 年），根据演化图中 2001—2005 年与 2006—2010 年局域主题、2006—2010 年与 2011—2014 年局域主题之间强相关的知识流，结合对 2006—2010 年局域主题 6（research-user-design-find-evaluation）和 2011—2014 年局域主题 3（research-web-user-library-article）高位词以及相关文档内容的考察可知，全局主题 1 用户研究自 2001—2005 年发展成熟以来，主题中的知识稳定地向下两个时期传递，继续巩固对用户行为和需求的采集和分析。

全局主题 1 用户研究在尚未发展成熟的形成初期（1991—1995 年），受到全局主题 5 文本检索中知识的影响。事实上 1991—1995 年与用户研究主题相关的两个局域主题（局域主题 2 和局域主题 7）与全局主题 5 文本检索的相似度要大于全局主题 1，这两个局域主题与用户研究主题的相似度分别为 0.55 和 0.52，属于弱相关范畴；与文本检索主题的相似度为 0.69 和 0.77，分别属于中等相关和强相关范畴。这一现象说明，用户研究主题的形成受到文本检索主题中知识的影响，文本检索主题先于用户研究主题发展，用户研究在后期从文本检索中分化出来，逐步形成一个独立的研究领域。

表 4 - 2　　　　　　　　　各时期局域主题高概率词语（前五位）

Time span	Local topic	Top words
1956—1990	3	document-analysis-cluster-language-translation
	6	query-language-database-relational-distributed
	7	query-distributed-thesaurus-computer-control
	9	document-data-query-index-theory
1991—1995	1	database-data-object-query-manage
	2	document-text-network-database-research
	6	data-query-user-compute-database
	7	document-text-user-index-knowledge
	8	query-language-database-relational-data
1996—2000	1	query-database-data-object-language
	2	user-document-web-relevance-research
	5	query-database-data-time-algorithm
	7	knowledge-learn-case-user-network
	8	image-feature-content-similarity-database
	9	query-language-relational-logic-express
	10	document-index-text-data-structure
2001—2005	1	query-language-data-xml-database
	2	image-feature-content-color-database
	5	text-document-answer-question-word
	7	document-relevance-user-query-learn
	8	query-data-video-time-index
	10	research-knowledge-data-user-analysis
2006—2010	1	data-query-database-xml-structure
	2	document-web-text-user-semantic
	3	query-algorithm-object-graph-spatial
	4	image-feature-content-visual-color
	6	research-user-design-find-evaluation
	9	query-language-term-ontology-index
	10	query-data-network-sensor-index

续表

Time span	Local topic	Top words
	2	semantic-ontology-word-concept-annotation
	3	research-web-user-library-article
2011—2014	6	query-data-network-algorithm-index
	7	data-database-query-language-web
	8	document-term-query-text-topic
	10	image-feature-similarity-visual-content

全局主题 2 图像检索在五个主题中是一个比较独特的主题，它研究的主要内容是图像检索，也涉及其他多媒体检索问题如音乐检索和视频检索。全局主题 2 跟其他主题之间基本无知识交流，在形成之初也没有从其他主题引入知识流，在演化过程中，遵循十分稳定的路径在自身的研究范畴内发展，分化融合活动较少。第一个与图像检索主题具有强相关关系的局域主题出现在 1996—2000 年时间段，该主题在这一时期开始形成，且在形成之初便迅速发展成熟，成为一个独立的研究领域。图像检索主题研究内容的凝聚性很强，研究对象以多媒体对象（图像、音乐、视频）为主，与信息检索领域的其他主题较为不同。因此在其演化路径上的分化融合活动较少，从形成到发展后期，每个时期都围绕在自己的研究焦点上，基本不与其他主题进行知识交流。

全局主题 3 和全局主题 4 是在演化过程中互动最多的两个主题。这两个主题的研究内容有一定的相似性，均与信息检索中的查询语言有关。全局主题 3 侧重传统的关系数据库和面向对象数据库中的查询语言设计和查询处理问题，全局主题 4 主要研究空间网络（Spatial Network）和通信网络（Communication Network）中的分布式查询（Distributed Query Processing）处理问题，侧重算法优化和精简计算复杂度。

全局主题 3（数据库查询）形成较早。在 1956—1990 年时间段，已经有局域主题（1956—1990 年时间段的局域主题 6）与全局主题 3 之间达到了中等级别的相关关系。数据库查询是唯一一个在第一个时间区间就出现与之达到中等相关局域主题的全局主题，其他全局主题在这一时期与局域主题之间的关系均为弱相关或低于 0.5 的相似度阈值。这说明数据库查询研究在信息检索领域是最早被研究的领域之一，在其他主题还在尚未起步的发展初期时，数据库查询已经是一个半成熟的子领域，也是早期信息检索研究所关注的主要问题。

1956—1990 年时间段，与数据库查询具有中等相关关系的局域主题 6，主要研究的是数据库查询处理效率的优化问题，其知识流在下一时期流向了 1991—1995 年时间段的局域主题 8，数据库查询语言的设计与构建。1956—1990 年时间段的局域主题 9 与数据库查询主题具有弱相关关系，局域主题 9 中与逻辑查询优化（Logical Query Optimization）相关的内容在下一时期流入了 1991—1995 年时间段的局域主题 1，数据库设计与语法查询特性（Query Facilities）研究之中。1991—1995 年时间段的局域主题 1 和局域主题 8 各自分化到了下一时间段的若干主题中，局域主题 8 分化出三条知识流，分别流入了 1996—2000 年时间段的局域主题 1、5 和 9；局域主题 1 分化出两条知识流，分别流入了 1996—2000 年时间段的局域主题 1 和局域主题 5。1991—1995 年时间段的局域主题中，与分布式数据库系统（Distributed Database Systems）中的查询优化相关的内容流入了 1996—2000 年时间段的局域主题 5 之中，这一局域主题与全局主题 4 查询处理的相关性更强，也就是说，全局主题 3 数据库查询中的知识在 1996—2000 年时间段分化到了全局主题 4 查询处理当中。另一部分与关系数据库和面向对象数据库中的查询结构特性和查询代数相关的内容继续在与数据库查询主题强相关的局域主题中流动，并在 2001—2005 年时间段融合到了局域主题 1 中。

1996—2000 年时间段的局域主题 5 主要研究实时分布式数据查询系统，这一局域主题与全局主题 3 数据库查询的相似度为 0.70，属于中等相关级别；而与全局主题 4 查询处理的相似度为 0.81，属于强相关级别。这说明，数据库查询主题中的一部分知识分化出来，为全局主题 4 查询处理的独立和成熟提供了前提和基础。

2001—2005 年时间段，局域主题 1 分化出了三条知识流，流向 2006—2010 年时间段的局域主题之中。流入 2006—2010 年时间段的局域主题 1 中的内容继续围绕数据库查询问题展开研究，与树状传感器和 xml 查询转换相关的内容流入了与全局主题 4 查询处理相关性更强的局域主题 3 和局域主题 10 当中，另一部分与基于本体的信息检索相关的内容流入了局域主题 9（主要研究内容为跨语言查询建议），并在 2011—2014 年时间段分化到了三个局域主题当中，其中 2011—2014 年的局域主题 8 与全局主题 5 文本检索的相关性达到 0.84 的强相关级别，换言之，全局主题 3 中与跨语言查询相关的部分内容最终流到了文本检索主题当中，为文本检索领域的跨语言检索研究打下了基础。

全局主题 4 查询处理在 1996—2000 年时间段发展成熟，该时间段内的局域主题 5 与查询处理主题的相似度为 0.81 的强相关。这一时间段的局域主题 5，吸收了上一时间段与全局主题 3 数据库查询强相关（但与全局主题 4 查询处理弱相关）的局域主题 1 和局域主题 8 中的数据库查询的相关技术，以及 1991—1995 年时间段的局域主题 6 中涉及算法和计算复杂度的内容，共同融合成为第一个与查询处理主题具有强相关关系的局域主题，就时间约束条件下实时数据的查询执行策略、分布式查询处理系统等问题展开了研究。1996—2000 年时间段到 2001—2005 年时间段，查询处理主题的研究内容稳定传递，由 1996—2000 年时间段的局域主题 5 流向 2001—2005 年时间段的局域主题 8，两局域主题的研究内容强相关。2001—2005 年时间段的局域主题 8 随后分化流向了下一时间段的三个局域主题中，分别是 2006—2010 年时间段的局域主题 1、3 和 10。其中，局域主题 3 和局域主题 10 与查询处理强相关，而局域主题 1 与全局主题 3 数据库查询强相关（而与查询处理中等相关）。这三个主题在下一时期重新融合流入 2011—2014 年时间段的局域主题 6，主要研究内容涉及数据存储、数据索引、分布式环境下（如点对点系统和传感器网络）的复杂查询等。局域主题 1 分化出两个知识流，一部分与局域主题 3 和局域主题 10 融合进了 2011—2014 年时间段的局域主题 6，另一部分流入了 2011—2014 年时间段的局域主题 7。

　　从全局主题 3 数据库查询和全局主题 4 查询处理之间的知识交流情况来看，数据库查询主题与 2001—2005 年时间段，通过局域主题 8 分化流向 2006—2010 年时间段局域主题 1 的知识流，向查询处理主题传递了与分布式数据库系统中的查询优化技术相关的知识，促进全局主题 4 的形成和发展；在 2006—2010 年时间段到 2011—2014 年时间段，查询处理主题又通过 2006—2010 年时间段的局域主题 1 到 2011—2014 年时间段的局域主题 6 的知识流，向数据库查询主题返回了部分与时空数据库（Spatio-temporal Databases）管理系统查询相关的知识。

　　全局主题 5 主要研究非结构化文档的文本检索，包括文档索引、短语处理、短语消歧、检索式扩展、跨语言检索等问题。全局主题 5 的演化图谱有别于其他全局主题的一个明显特征是，相邻时间段的局域主题之间的相关性不是很强，最高只到中等相关。第一个与全局主题 5 强相关的局域主题出现在 1991—1995 年时间段，1991—1995 年时间段以后，尽管除 1996—2000 年时间段外，每个时间段均有与全局主题 5 强相关打的局域主题，但相邻时间段局域主题间的知识流强度只有中等或弱等。这说明，全局主题 5 文本检索是信息检索领域相当活跃的一个主题，其主题内容经常变动，每个时间段均有新的知识产生和发展。

　　1991—1995 年时间段，与文本检索主题强相关的局域主题 7 主要研究文档索引问题，研究内容包括文档表示、文本分类、文本解析、相关性评估和检索性能评估等。局域主题 7 分化流向 1996—2000 年时间段的两个主题，其中 1996—2000 年时间段的局域主题 2 探讨了两方面内容：一是与文本检索技术相关的检索性能评价问题；

二是与全局主题 1（用户研究）相关的用户导向检索系统评价问题。实际上，这一时间段的局域主题 2 与用户研究主题也具有中等相关关系，1991—1995 年时间段的局域主题 7 对于检索系统的关注为后续全局主题 1 进行用户研究打下了技术基础。

1996—2000 年时间段，上一时间段局域主题 7 分化流向的另一个局域主题，1996—2000 年时间段的局域主题 10 将文本检索主题的研究引导向短语粒度的分析，提出新的研究问题和研究方法如文档集合的潜在语义索引（Latent Semantic Indexing，LSI）、分词技术、词组挖掘等。这一时间段的超链接文本检索也获得了广泛关注，研究者开始考察文档之间的链接关系，而不只是单纯的文本内容信息。

将 1996—2000 年文本检索主题的研究内容总结起来，这一时期的文本检索研究开始向细粒度的短语级别深入，但还涉及了诸如用户研究、超链接研究等其他内容。其研究内容的杂糅性使得这一时期的局域主题与文本检索主题的相关性不强，仅为中等相关。由前一时期（1991—1995 年）强相关的局域主题 7 演化到这一时间段（1996—2000 年）中等相关的局域主题 2 和局域主题 10 来看，1996—2000 年时间段可以看作全局主题 5 的改革期。

2001—2005 年时间段，重新出现了与文本检索主题强相关的局域主题，即局域主题 7，预示着文本检索主题在经过上一时间段的改革调整后，引入和发展了新的知识，并且进入了一个新的成熟期。

在随后的两个时间段中，相邻时期局域主题之间的知识流强度依然最高只到中等相关，但各时期的局域主题与文本检索主题均为强相关。这说明每个时期均有较多的新知识在文本检索主题中产生，但研究范畴总体上还是紧紧围绕着文本检索。

具体来说，在 2006—2010 年时间段，个性化网络检索研究受到关注，相关应用包括用户建模、个性化文档聚类、个性化内容探测与推荐等。结合文本语义和上下文的检索研究得到较大发展。研究者提出了包括关键词自动抽取、分层文档聚类、链接结构分析等新的文本挖掘方法。2011—2014 年时间段，跨语言检索得到广泛关注，基于文本语义的检索研究进一步深入句子层面的局部上下文挖掘中。

第三节   本章小结

本章从生长趋势和演化动态的角度，识别并分析了信息检索领域五个重要主题的演化过程。

在生长趋势分析中，使用主题历年的活跃程度描述主题生长趋势。主题在某一年的活跃程度对应的是与该主题相关的文献内容占当年出版的文献总内容的比例。目前研究对主题活跃程度的测量仍停留在对每个主题下的文献数量进行计数的方法上。这一方法的不足是使得一篇文档只能属于一个主题，或者均匀地分布于多个主题当中，忽略了一篇文档以不同比例由若干主题混合而成的实际情况。针对目前生长趋势分析中的不足，本章基于 LDA 主题模型训练结果得到的文档—主题概率分布矩阵测度各主题的历年活跃程度，较好地保留了一篇文档以不同比例包含多个主题内容的特征。通过生长趋势分析，识别了各主题在不同时期的收缩与扩张趋势，以及主题发展过程中的关键转折点。

在演化动态分析中，针对目前主题演化研究对主题分化融合，知识交流和不同时期的发展阶段分析的不足，对应上述三点展开了研究。1956—2014 年的整体文本语料被划分为六个时间窗口，分别为：1956—1990 年、1991—1995 年、1996—2000 年、2001—2005年、2006—2010 年和 2011—2014 年。每个时间窗口另外抽取若干局域主题，表示在该时间窗口下的领域主题结构。为方便区分，上章基于整体文本语料抽取的五个信息检索领域的重要主题，此处称为全局主题。

全局主题的分化融合情况由不同时间窗口内的局域主题的分化融合活动来反映。全局主题与局域主题之间的相关关系由计算两者词项概率分布的相似性来判断。局域主题的分化融合情况，通过计算相邻时间窗口下局域主题之间的相似度来判断，并设定三个区间的相似度阈值以区分主题间知识交流的强度。

由于不同的全局主题与同一个局域主题之间具有不同的相关性，全局主题之间的知识交流情况可以通过与共享的局域主题之间的相关关系来获得。不同时期局域主题与全局主题的相关性，能够反映全局主题在这一阶段的发展状态。

研究结果表明，信息检索领域的科研主题发展基本遵循由调整期到成熟期的发展过程，但有部分主题（如主题 5 文本检索）在演化过程中会由成熟期重新进入调整期，在经历新知识的引入和研究内容重组后，进入一个新的成熟期。知识交流在主题内部和主题之间均有发生，其中主题 3 数据库查询在信息检索领域发展最早，其他主题（如主题 4 查询检索和主题 5 文本检索）在形成过程中受到主题 3 研究内容的影响，在主题间形成知识的互动。也有部分主题（如主题 2 图像检索）与其他主题之间基本无较强的知识流动，主要原因是由于主题本身的凝聚性较强，研究范畴和研究对象在本领域均较为独特，因此形成一条较为封闭的发展路径。

第 五 章

科研主题演化过程中的
词语迁移现象

科研主题在本质上是具有语义功能的词语的集合，科研主题演化所发生的变化对应的实质是词语及词语组合的变化。第三章和第四章分析了信息检索领域五个重要主题的生长趋势，以及包括主题分化融合、发展阶段和主题间知识交流情况在内的演化动态，至此我们对科研主题演化过程中主题结构和内容的整体变化有了一定的了解，进一步的研究我们需要分析与各主题核心内容相关的重要词语在主题演化过程中发生了怎样的变化。科研主题演化过程中的词语变化着重关注词语语义的变化，在科研主题演化过程中，词语语义变化实际上联系的是与词语相关的创新和应用的变化。

第一节 词语迁移概念的细化

观察前文抽取出的信息检索领域的五个重要主题（见表 5 - 1），我们发现这样的现象：有一些词语同时出现在了几个主题当中，比如主题 3、主题 4 和主题 5 中的 query；在主题演化的过程中，还有这样的现象：一些词语在先前的时期出现在某一主题当中，在随后的某一时期出现在了另一主题当中，而在原先主题当中的重要性则下降至较低的位置。这些相同的词语在同一时间出现在不同的主题当中，以及相同的词语随着时间的推移出现在不同的主题当中的现象，与主题演化过程相辅相成，共生共长。本书将这样的现象定义为词语迁移，即相同词语（共时或历时地）出现在不同主题当中。词语迁移活动一定是与科研主题的演化同时发生，随着主题的演化，词语在不同的主题中迁移；词语在不同的主题中迁移，形成新的语境和新的应用，伴随着主题不断地发展和创新。

表5-1　　　　　　　　　　信息检索领域的五个重要主题

Topic 1 User Study	Topic 2 Image Retrieval	Topic 3 Database Querying	Topic 4 Query Processing	Topic 5 Text Retrieval
research	image	query	query	document
user	feature	data	data	text
data	content	database	network	user
design	similarity	language	algorithm	relevance
library	visual	relational	time	term
web	music	semantic	index	query
find	learn	integration	distributed	web
analysis	algorithm	structure	optimize	evaluation
medical	object	object	computing	rank
access	color	knowledge	tree	word

一　词语语义的表示

对词语语义进行归纳和分析是自然语言处理（Natural Language Processing，NLP）的基本任务，词义分析的结果主要应用于机器翻译和信息检索。传统的词义归纳问题是无监督的聚类问题，方法是根据多义词上下文的相似程度，对包含多义词的句子进行聚类，从而区分词语的不同语义。

语义知识（Semantic Knowledge）从定义上来讲，是人对客观世界的事实知识。[1] 语义知识可以根据词语（Word）、概念（Concept）和认知（Percept）之间的关系表达为四个层次[2]：词语和概念的关系，概念和概念的关系，概念和认知的关系，以及词语和词语的关系。其中，词语和词语的关系指的是词语与词语之间的相关关系，包括经常与目标词共同出现的词，或者并不共同出现，但与目标词含义相近、指代相似的词，例如，狗和犬，是近义相关；狗和骨头，是共现相关；狗和猫，在常见的家庭宠物这一方面，具有指代相关性。词语和词语之间的相关关系由词语所处的上下文来决定，在语义知识表达的四个层次中，是可以通过文本挖掘得到的语义知识。

自然语言处理中与词语语义表示相关的研究，主要关注词语之间的共现信息和词语所处的上下文信息。词语的多义性也可以由共现词和上下文体现出来。例如，英语中 bird 有"鸟类"和作为肉食的"禽类"两种意思。当我们看到 bird 这个词时，可能会想到"鸟类"这层含义，此时 bird 的上下文中可能会出现 fly、feather 和 nest 等词；但如果在上下文中有 thanksgiving、turkey 和 dinner 等词语的话，则更多会联想到 bird 作为食物的一层含义。如此，bird 的多义性可以通过它所处的上下文区分开来。对共现信息和上下文的挖掘通常涉及的是形式化的浅层语义，主要考察的内容是词语在实际的文本数据中的使用情况，如词语关联模式（Word-association Norms）[3]、句子处理中的词语

---

① Patterson K. , Nestor P. J. and Rogers T. T. , "Where do You Know what You Know? The Representation of Semantic Knowledge in the Human Brain", *Nature Reviews Neuroscience*, Vol. 8, No. 12, 2007, pp. 976 – 987.

② Griffiths T. L. , Steyvers M. and Tenenbaum J. B. , "Topics in Semantic Representation", *Psychological Review*, Vol. 114, No. 2, 2007, p. 211.

③ Church K. W. and Hanks P. , "Word Association Norms, Mutual Information, and Lexicography", *Computational Linguistics*, Vol. 16, No. 1, 1990, pp. 22 – 29.

读取次数①、语义启动（Semantic Priming）效应②和上下文语义对自由联想的词语的影响性。③ 本书所关注的词语语义知识，即是通过文本数据挖掘得到的词语与词语、词语与主题之间的相关关系，分析针对的是词语之间的共现情况，以及词语在不同的上下文中的使用情况。

　　词语的语义可以通过词语在语义空间（Semantic Space）中的位置来反映。语义空间通常指向量语义空间，其中的词语表示为词向量，距离相近的词向量具有相似的语义特征。词语在语义空间中的向量表示将统计方法引入词义表示研究，LSI（Latent Semantic Indexing）是最经典的空间表示模型。LSI 从多篇文档组成的文本语料中抽取词语的向量空间表示，词项—文档共现矩阵作为模型的输入数据，如表 5 - 2 所示。在表 5 - 2 的词项—文档共现矩阵中，每行表示一个词语，每列表示一篇文档，矩阵中的数值表示该数值所在行对应的词在该数值所在列对应的文档中出现的频次。以第一行第一列中的数值 2 为例，它表示 Word A 在 Doc 1 当中总共出现了两次。

表 5 - 2　　　　　　　　　　词项—文档共现矩阵

	Doc 1	Doc 2	Doc 3	Doc 4	Doc 5
Word A	2	0	1	0	0
Word B	0	5	0	0	4
Word C	0	0	7	3	0

---

①　Sereno S. C. , Pacht J. M. and Rayner K. , "The Effect of Meaning Frequency on Processing Lexically Ambiguous Words: Evidence from Eye Fixations", *Psychological Science*, Vol. 3, No. 5, 1992, pp. 296 - 300.

②　Till R. E. , Mross E. F. and Kintsch W. , "Time Course of Priming for Associate and Inference Words in a Discourse Context", *Memory & Cognition*, Vol. 16, No. 4, 1988, pp. 283 - 298.

③　Roediger H. L. and McDermott K. B. , "Creating False Memories: Remembering Words not Presented in Lists", *Journal of Experimental Psychology: Learning, Memory, and Cognition*, Vol. 21, No. 4, 1995, pp. 803 - 814.

LSI 的输出是对词和文档在语义空间中的表示。首先对原始的词项—文档共现矩阵做变换处理[1]，然后应用奇异值分解对转化矩阵进行因式分解，得到 U、Σ、V 三个矩阵：

$$M = U\Sigma V$$

U 是对应词向量的标准正交基，将每个词表达为语义空间中的一个点。Σ 是一个与潜在语义空间同维度的对角矩阵，对角线值为奇异值，表示语义空间各维度的权重。V 是对应文档向量的标准正交基，将每篇文档表达为语义空间中的一个点。对于词与词之间的相关关系探测，主要关注的是 U 矩阵中的结果。可以取 U 的前两个维度作为词向量在二维空间中的映射坐标，对语义空间进行可视化。U 中词向量（U 中的每一行对应一个词向量）之间的余弦夹角是词与词之间语义相似性的有效度量标准。[2] 截取词向量（如只取前 100 维）后进行余弦夹角计算的结果质量更好，对向量的降维处理能够减少统计噪声，从而突出词语之间的语义关联。

LSI 提供了一种通过词项—共现矩阵获得词语在语义空间中的表示，以此反映词与词之间的相关关系的简单方法。一组词语所描述的主旨大意可以通过求取这组词语所对应空间向量的均值来获得。在 LSI 的实际应用中，两篇文档的相似度通常以计算两篇文档所包含的词向量均值的余弦夹角而得到。[3] LSI 的一个缺陷是，词语所在

① Griffiths T. and Steyvers M. , "Prediction and Semantic Association", *NIPS'02: Proceedings of the 15th International Conference on Neural Information Processing Systems*, Jan. 2002, pp. 11 – 18.

② Landauer T. K. and Dumais S. T. , "A Solution to Plato's Problem: The Latent Semantic Analysis Theory of Acquisition, Induction, and Representation of Knowledge", *Psychological Review*, Vol. 104, No. 2, 1997, p. 211.

③ Rehder B. , Schreiner M. E. and Wolfe M. B. W. , et al. , "Using Latent Semantic Analysis to Assess Knowledge: Some Technical Considerations", *Discourse Processes*, Vol. 25, No. 2 – 3, 1998, pp. 337 – 354. Wolfe M. B. W. , Schreiner M. E. and Rehder B. , et al. , "Learning from text: Matching Readers and Texts by Latent Semantic Analysis", *Discourse Processes*, Vol. 25, No. 2 – 3, 1998, pp. 309 – 336.

的语义空间是一个无差欧几里得空间（Undifferentiated Euclidean Space），使得 LSI 无法区分一词多义情况。一个词仅由潜在语义空间中的一个点来代表，虽然这个点的坐标与其他点坐标的相对位置能够表达词语之间的相似性，但是无法区分多义词所表达的不同的意思。

在自然语言处理中，对句子、段落或文档的主旨进行判断，可用于预测与文本中某一词语相关的概念或区别词语在某一具体语境中应用时所表达的意义。如果预先获取了一段文本的主旨，则可以对与主旨相关的概念有所预判，以协助在后续文本处理过程中可能遇到的对词义的消歧。例如，bank 一词出现时，我们会想到"银行"这个意思，类似"美联储"（Federal Reserve System）这样的机构可能会出现在这个段落里，那么 bank 一词的出现可能会增加 federal 和 reserve 出现的概率，这样的信息可以添加到检索系统里，辅助与这一系列词相关的检索结果的反馈。这样预测与词语相关信息的任务，因词语具有一词多义的情况而变得复杂。仍以 bank 为例，只有当 bank 所在的一段文本的主旨所指为财政机构时，bank 的出现才会增加 federal 和 reserve 出现的概率；如果像 stream（溪流）和 meadow（草地）之类的词也出现在了这个段落中，那么 bank 更可能表达的是"河岸"的含义，而非"银行"。这种情况下，会增加 woods（树林）和 field（田野）等于"河岸"含义相关的词出现的概率。

"抽取一段文本的主旨"其实就是主题模型的建模目标，即解析文本集合中潜在的主题结构。LDA 模型抽取出不同的主题，当相同的词语处于不同的主题中时，可以根据主题的不同主旨区分词语所表达的具体含义和相关应用。从统计的角度来看，选定一篇文章，处于这篇文章中的某一个词语，有其特定的主题概率分布，相同文章中的不同词语有其特有的主题概率分布，即使是相同的词语，在不同的文章中也有不同的主题概率分布，根据词语之间主题概率分布的差别，尤其是相同词语在不同文章中的主题概率分布的差别，可以区分一个词语的多个语义，这是词语迁移研究的基本前提。处于主旨不同的上下文中的相同词语，有很大的可能性与不同的创新和应用相联系，科研主题的演化，是一个不断创新与发展的过程，因此词语迁移活动与主题演化进程同步发生。

二　词语语义的变迁

词语的语义会随着时间的推移发生变化。随着词表示技术的发展，追踪词义变迁成为近年的研究热点。现有词义变迁研究，主要集中于信息检索和数据挖掘领域，研究目的多是辅助文档回溯和词义消歧等自然语言处理任务，并不注重内容分析和学科主题分析等情报学领域所比较关注的问题。

词语语义变迁（Semantic Change）的定义可以表述为，在不同时期，词语的意思发生的一种或多种的改变。① 词语语义的变迁随着时间推移，隐含着两种变化方向，一种是新的语义取代旧的语义，旧的语义不再被使用而逐渐消失；另一种是词语语义得到了扩展，同一词语被应用于不同的上下文，而获得了新的语义，但旧的语义依然在原有上下文中被继续使用。简单的词义变迁研究通过词频变化来反映可能存在的语义变化。② 跟以前相比词频有了显著增加的词语，它们的语义很可能已经发生了改变，或者变为一种新的意思，或者在原有词义基础上增加了新的意思，使得被使用的范围和表达的含义都更广泛了。

现有大量的研究（特别是在计算语言学领域）指出了语言随时间发生的变化，以及引起这种变化的原因。语言的变化是为了迎合人们不断变化的需求，通常表现为新词的产生，或者已存在的词语增加或消减一种或多种语义，其中新词的产生往往跟新技术的开发

①　Lehmann W. P. , *Historical Linguistics：An Introduction*, Routledge, 2013.

②　Michel J. B. , Shen Y. K. and Aiden A. P. , et al. , "Quantitative Analysis of Culture Using Millions of Digitized Books", *Science*, Vol. 331, No. 6014, 2011, pp. 176 – 182.

或新概念的提出有关。已有研究从定量计算的角度试图捕捉词语语义的变化，研究表明①，一个词语出现频率的峰值（极大值）可能表示着新技术的产生、新闻事件的发生，或词语语义的变化。然而，以词频反映语义变化，只适用于与词语相关的主题的活跃度不变的情况。简单说来，如果与一个词语相关的主题在某一时间段引起了热议，那么词语出现频率的增加通常是由于主题被提及的次数增加，而非词义发生了改变。这一点在新闻事件中表现得最为明显，例如，2012 年 10 月，名为"桑迪"的飓风吹袭美国东海岸，造成巨大损失而受到关注。"飓风桑迪"的词频迅速增加，这一词频增加的现象反映的是"桑迪"的语义变化，即增加了作为飓风的名字的含义，而"飓风"的语义并未发生变化，"飓风"词频的增加只是由于与飓风相关的主题成为热议话题，即主题活跃度的增加引起了词频的增加。

词语语义的变化不能仅依靠词频的变化来判断，语言研究学者提出了其他方法补充词频方法的不足，例如基于语法结构的词性变化探测。例如"苹果"最初只有水果的含义，词性是普通名词，但在苹果公司建立并推出产品后，"苹果"增加了专有名词的词性。在实际应用中，词频和词性发生明显变化的情况比较少，在这两个指标都无法探测的情况下，应用更广泛的一种方法是基于分布的词语语义探测，称为分布式语义。

分布式语义（Distributional Semantic）方法是基于分布假说（Distributional hypothesis）的词表示方法。分布假说认为，出现在相似上下文中的词语具有相似的语义。分布式语义方法通常将词语表示为向量，词语对应的词向量内含与这个词相关的上下文信息。词

---

① Kulkarni V. , Al-Rfou R. and Perozzi B. , et al. , "Statistically Significant Detection of Linguistic Change", *Proceedings of the 24th International Conference on World Wide Web*, ACM, 2015, pp. 625 – 635. Tahmasebi N. , Risse T. and Dietze S. , "Towards Automatic Language Evolution Tracking, a Study on Word Sense Tracking", Joint Workshop on Knowledge Evolution and Ontology Dynamics, Bonn, Germany, Oct. 24, 2011.

向量，又称词嵌入（Word Embeddings），是将词语嵌入语义空间中并由实数向量来表示词的一种词表示方法。词义相近的词向量，在语义空间中也会互相贴近。

近年，基于分布假说的神经网络词嵌入模型发展迅速，根据词语上下文对词语语义进行向量表示，从而进行词义分析成为目前的主流方法。2013 年，Milkolov 带领的 Google 团队提出 CBOW 和 Skip-gram 模型，并开放了包含两种模型的 Word2vec 源代码。随着 Google Books Ngram 数据集的公开，超过 5000 亿词汇量，包含 7 种语言的电子图书 Ngram 数据能够通过互联网获得。数据和方法的成熟使得词义变迁研究成为近年涌现的热点。目前对词义变迁进行的研究主要集中在计算机科学和计算语言学领域，由学科性质所影响的研究目的主要涉及自然语言处理、信息检索和机器翻译，将词义变迁与主题相结合的内容分析和主题演化分析尚不多见。

词义变迁研究大体可以分为两种类型：一是同义词探测，即在不同的时间范围内，不同的词语表达相同的语义；二是多义词探测，即在不同的时间范围内，相同的词语表达不同的语义。同义词探测返回的结果是在不同时期表达相同语义的不同词组。[①] 选定某一个时间段，并选定一个词或词组作为初始输入，输出端返回其他各时期与这个词或词组表达相同语义的词或词组。同义词探测的研究目的通常是从用户角度出发的，而非从本体角度出发。也就是说，在同义词探测之前，并不假定一个既有的本体语义结构，而是由用户提供检索词，输入同义词探测算法，返回各个时期同用户输入的检索词具有相同语义指代的词语列表。

相比之下，关于多义词探测的研究更为普遍，应用也更多。多义词探测研究同一词语在不同时期的语义变化。多义词探测的理论

---

① Kenter T. , Wevers M. and Huijnen P. , et al. , "Ad hoc Monitoring of Vocabulary Shifts over Time", *Proceedings of the 24th ACM International on Conference on Information and Knowledge Management*, ACM, 2015, pp. 1191 – 1200.

基础是分布假说，即语义相似的词语具有相似的上下文。研究方法主要为基于分布相似性的词表示模型，传统模型为分布式表示①，近年新兴的模型主要为分散式表示的词嵌入模型。② 在这些词表示模型中，文本集合当中的词语被表示为向量空间中的多维向量，称为词向量。每个词都由相同维度的实数向量表示出来，词语之间的相似度即可通过计算词向量之间的相似度获得，较为常见的相似度计算方法如，欧几里得距离（Euclidean Distance）、余弦相似性（Cosine Similarity）等。

三 词语迁移概念再论述

本节承接第一章第三节的词语迁移概念界定内容，对词语迁移现象及对其进行研究的意义进行进一步的阐释。本书将词语迁移定义为：相同的词语出现在不同的主题当中。这一定义包含两层意思，第一层意思是相同的词语在同一时期出现在不同的主题当中，称为共时词语迁移；第二层意思是相同的词语在不同时期出现在不同的主题当中，称为历时词语迁移。词语的共时迁移能够考察某一时期学科领域的主题结构，以及根据主题背景的不同，区分词语的不同语义。词语的历时迁移可以根据主题背景的变化，分析不同时期词语的语义变化，词语语义变化的深层含义代表着与之相关的应用和创新的变化，创新的提出与扩散，正是科研主题演化的核心内容。科研主题演化是随着时间的推移，主题不断发展更新的过程，因此与科研主题演化过程更多联系的，是词语

---

① Gulordava K. and Baroni M. , "A Distributional Similarity Approach to the Detection of Semantic Change in the Google Books Ngram Corpus", *Proceedings of the GEMS* 2011 *Workshop on GEometrical Models of Natural Language Semantics*, Association for Computational Linguistics, 2011, pp. 67 – 71.

② Hamilton W. L. , Leskovec J. and Jurafsky D. , "Diachronic Word Embeddings Reveal Statistical Laws of Semantic Change", *arXiv Preprint arXiv*：1605. 09096, 2016. Kim Y. , Chiu Y. I. and Hanaki K. , et al. , "Temporal Analysis of Language through Neural Language Models", *arXiv Preprint arXiv*：1405. 3515, 2014.

的历时迁移。

在现实生活中，迁移现象是普遍存在的：如鸟类迁徙、人类种群的地域性迁移等。知识经济（Knowledge-based Economy）研究学者指出，移民的涌入能够促进科学技术的发展和传播。[①] 尤其是知识水平较高的国际移民，他们的到来很有可能带来新的技术，新技术如果产生扩散，一般情况下并不是一个一成不变的过程，新的技术传播到一个新的地方，需要适应当地具体的经济情况，经过改良后，很有可能产生新的发展。也就是说，人群的迁移与经济发展是相互作用的。将词语迁移类比于人群的迁移，一个词语就是一个族群，每个主题相当于地图上的一个疆域。当词语迁移到一个新的主题中时，也会经历如同新技术到达新环境后的"再创造"过程，相同的词语与不同的主题相联系的时候，其反映的概念和应用都会与所处主题的研究范畴相适应，词语在迁移过程中所反映出的新的理论、方法和应用，正是科研主题演化过程中主题内容的发展方向。

第二节　词语在主题中的分布

从学科领域整体的角度来看，相同的词语可以同时分布于不同的主题当中，这是词语的共时迁移现象。明晰词语在主题中的分布情况，对理解领域主题结构与词语迁移的关系具有重要意义，对词语的主题分布的测量可以通过 LDA 模型的训练结果变换得到。

在 LDA 模型的训练结果中，主题表示为字典中词项的一组概率分布，实际上这是主题在词语中的分布情况的概率表达。本节的研究目标是：基于 LDA 主题模型训练得到的信息检索领域各主题的词项概率分布，转换得到字典中词语的主题概率分布，考察词语在主

---

①　Williams A. and Baláž V. , *International Migration and Knowledge*, Routledge, 2014.

题中的分布情况，并对词语的主题分布情况进行可视化，绘制词语—主题概率分布图谱。

一　词语—主题分布计算与可视化

（一）词语—主题分布计算

本研究语料经过预处理和词形统一后，字典中共有不重复的词语6580个。在LDA模型的训练结果中，每个主题均表示为关于字典中6580个词的概率分布，如表5-3所示。以字典中health、image和query三个词为例，每个主题对应这三个词语的概率如表5-3中数值所示，词语在对应主题下的概率越高，表示词语跟这个主题的研究范畴的联系越紧密。字典中全部词语在某一主题下的概率的加和均等于1，也就是表5-3的每一横行加和的数值均为1。

表5-3　　　　　　　　　　　**主题—词语概率分布**

	health	image	query	…	Sum
Topic 1	0.0045	0.0000	0.0000	…	1
Topic 2	0.0000	0.0635	0.0020	…	1
Topic 3	0.0000	0.0000	0.0367	…	1
Topic 4	0.0000	0.0000	0.0361	…	1
Topic 5	0.0000	0.0000	0.0128	…	1

将表5-3进行转置，得到表5-4，为便于理解，这里仅列出作为例证的health、image和query三个词语。表5-4是归一化处理前词语在各主题中的分布情况，表中数值可以说明相同一个词语在不同主题当中的分布比例，但由于不同词语的分布系数加和的结果各不相同，使得不同词语之间不具有可比性，因此还需进行归一化处理，对每一行的元素除以该行概率加和，得到最终的词语—主题概率分布，如表5-5所示。

表5-4 词语—主题概率分布（归一化处理前）

	Topic 1	Topic 2	Topic 3	Topic 4	Topic 5	Sum
health	0.0045	0	0	0	0	0.0045
image	0	0.0635	0	0	0	0.0635
query	0	0.002	0.0367	0.0361	0.0128	0.0876

表5-5中，每行表示一个词语在五个主题中的概率分布情况，表中元素表示对应行的词语属于对应列的主题的概率值。以第一行第一列的0.9994为例，该数值的含义是，health这一词语以0.9994概率属于主题1（用户研究）。

表5-5 词语—主题概率分布（归一化处理后）

	Topic 1	Topic 2	Topic 3	Topic 4	Topic 5	Sum
health	0.9994	0.0002	0.0001	0.0002	0.0002	1
image	0.0000	1.0000	0.0000	0.0000	0.0000	1
query	0.0000	0.0231	0.4187	0.4120	0.1462	1

（二）词语—主题分布可视化

本节使用由Tang等[1]提出的LargeVis算法进行词语—主题分布的可视化暨词语—主题分布图谱的绘制。编程语言选用R语言，加载工具包为R语言中的LargeVis库。

LargeVis的输入数据即上节计算得到的词语—主题概率分布矩阵。每个词语看作一个五维的实数向量，向量的每个分量对应词语分布于主题1到主题5中的概率值。如表5-5中query一词对应的向量是（0.0000，0.0231，0.4187，0.4120，0.1462）。这样所有的词

---

[1] Tang J., Liu J. and Zhang M., et al., "Visualization Large-scale and High-dimensional Data", *arXiv Preprint arXiv*：1602.00370，2016.

语相当于处于一个维数为五的向量空间中，词语的坐标对应的是各自的主题分布向量。在向量空间中，距离（通常为向量的欧几里得距离）越近的词语表示它们的主题分布越相似，距离越远的词语表示它们对应的主题分布差异性越大。

对字典中所有词语的主题分布情况进行可视化，需要完成工作相当于将处于五维向量空间中的各个词语，在保留词语之间的相对位置信息的基础上，将词语投影到二维平面上。投影后每个词语将对应一个固定的二维坐标，词语坐标之间的相对位置依然反映的是词语对应的主题分布之间的相似程度。

如何将多维数据投影到二维空间，是机器学习和数据挖掘领域研究的核心问题之一。投影的中心思想是要保留多维数据中带有的相似性结构，即保证在多维空间中相似的点在二维空间中的距离比较近，而在多维空间中差异较大的点在二维空间中的距离比较远。现有研究已经提出了很多降维技术，如主成分分析（Principal Components Analysis，PCA）、多维尺度分析（MultiDimensional Scaling，MDS）、t-SNE（t-Distributed Stochastic Neighbor Embedding），以及本书选取使用的 LargeVis 方法。

LargeVis 是目前最先进的对高维大规模数据进行降维和坐标计算的可视化方法。主成分分析和多维尺度分析只能作用于较小的数据量，t-SNE 对高维大规模数据进行降维可视化的效果较好，但运算成本较高。LargeVis 在 t-SNE 的基础上进行改进，其核心是使用 Random projection tree 结构构建关于词向量的近似 K 最近邻网络（Approximate K-Nearest Neighbor Graph，KNNG），使得计算效率有了大幅度的提高。

LargeVis 的输入数据为词语—主题分布矩阵，每行对应一个五维词向量。输出结果为每个词语对应的二维坐标，将字典中的词语对照 LargeVis 运算得到的二维坐标绘制出来，即可得到关于字典中全部词语的主题分布图谱。

二　词语—主题分布图谱

图5-1展示了信息检索领域全部词语（字典中保留下来的词语）的主题分布情况。图中每个点是一个词语，每个词语由它的主题概率分布表示，即每个点对应一个五维的实数向量，向量的分量按顺序对应词语在主题1到主题5中的概率分布值。图5-1是所有词语的主题分布在二维平面的投影，坐标相近的词语具有相似的主题分布，坐标相隔较远的词语具有差异较大的主题分布。每一个颜色对应五个主题中的一个主题，词语所对应的主题颜色由概率分布中最大的概率所对应的主题决定。图5-1中标示了标签的词语的主题概率分布情况。

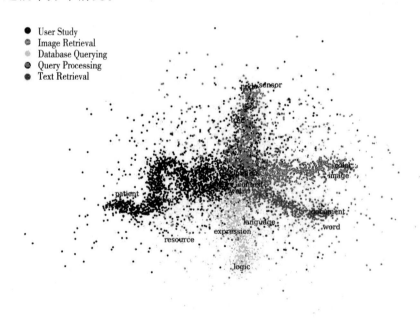

图5-1　词语—主题分布图谱

在图5-1中，每个词语的坐标对应的都是它的主题概率分布，词语之间的相对位置表达的是词语的主题概率分布的相似性，坐标位置具有重要含义，不可随意移动。由图中能够清晰区分的五个主题类群可知，基于 LDA 模型的主题分析的效果具有很高的凝聚性，也就是说，能够将相似的词语聚集到同一主题下，而将不同的词语分配到不同的主题中。同时，图 6 - 2 还清晰地反映了不同类型的词语在各个主题当中的分布状态：（1）主题概率基本只分布于一个主题当中的词语，处于图中远离中心的位置，也就是每个类团的最外围。如主题 1 用户研究中的 Health、Patient 和 Library，主题 2 图像检索中的 Color 和 Image，主题 3 数据库查询中的 Logic 和 Expression，主题 4 查询处理（特别涉及现实世界中的空间及通信网络）中的 Sensor、Node 和 Tree，主题 5 文本检索中的 Word 和 Document。这样的词通常代表着对应的主题的核心内容，在其他主题中的概率分布接近于零，也就是说，从属于其他主题的概率接近于零。（2）在多个（两个以上）主题中均有可观数值的概率分布的词语，一般处于图中的中心位置，如 Web、Context 和 Evaluation。这样的词在各个主题中的分布概率较为均匀，也就是不会特别偏向于哪一个主题，因此其坐标在各主题的"拉扯"下平衡于分布图谱的中心位置。这些词或者是通用词（Evaluation），或者是信息检索领域在全领域范围内都关注的词语（Web、Context）。中心位置的词对各个主题都有一定的贡献，不会特别强调对于某一个主题的从属关系。（3）只在两个主题当中有显著分布概率的词，坐标位于这两个主题之间，如 Language 在主题 3 数据库查询和主题 5 文本检索之间，Resource 在主题 1 用户研究和主题 3 数据库查询之间，Query 在主题 3 数据库查询和主题 4 查询处理之间。

相同的词语在不同主题中所具有的概率分布，反映的是一个词语同时出现在不同的主题当中的现象。不同主题研究内容的差别，使得对相同词语的使用情境也发生了改变，这是科研主题演化过程中，主题分化融合的必然结果。以 Language 为例，主题 3 和主题 5 在演化过程中，分化出了对 Language 的两种不同应用，在主题 3 数据库查询中，Language 主要与 query language（查询语言）相联系，而当 Language 在主题 5 文本检索中时，主要与 cross-language retrieval（跨语言检索）相联系。

表5-6　　　　　词语—主题分布图谱中标签词语的主题概率分布数值

	Topic 1	Topic 2	Topic 3	Topic 4	Topic 5
health	0.9994	0.0002	0.0001	0.0002	0.0002
patient	0.9994	0.0002	0.0002	0.0002	0.0002
library	0.9706	0.0001	0.0261	0.0001	0.0031
color	0.0001	0.9997	0.0001	0.0001	0.0001
image	0.0000	1.0000	0.0000	0.0000	0.0000
logic	0.0001	0.0001	0.9996	0.0001	0.0001
expression	0.0149	0.0289	0.9012	0.0061	0.0490
sensor	0.0001	0.0001	0.0001	0.9995	0.0001
node	0.0001	0.0001	0.0001	0.9995	0.0001
tree	0.0001	0.0490	0.0001	0.9507	0.0001
word	0.0001	0.0244	0.0001	0.0001	0.9754
document	0.0002	0.0000	0.0003	0.0001	0.9993
web	0.2298	0.0000	0.2962	0.0000	0.4739
context	0.1889	0.1469	0.2708	0.0166	0.3768
evaluation	0.2026	0.1137	0.0806	0.1645	0.4385
language	0.0000	0.0000	0.7027	0.0000	0.2972
resource	0.4709	0.0001	0.3005	0.0735	0.1551
query	0.0000	0.0231	0.4187	0.4120	0.1462

第三节　词语迁移的类型和稳定性

　　词语的主题分布图谱展示的是不带时间标签的共时词语迁移现象，如果引入时间因素来探讨词语迁移问题，即是本章将要重点关注的历时词语迁移问题。历时词语迁移问题主要考察的是在词语的主题概率分布随时间标签（如每一年）的变化而发生的变化情况。

　　本节对词语在主题中的历时迁移现象进行描述和分析，时间标签以年为单位。历时词语迁移分析的核心目标是得到特定年份下，目标词语在各主题中的概率分布情况。由于引入了时间标签，此时词语的主题分布仅与在该年份发表的文档集合相关。本节的研究目标是，分析信息检索领域各主题对应词语（主要为各主题下的高概率词语）的历时迁移情况。给定目标词语集合，观察目标词语在各主题中分布状态的变化，并总结和分析词语迁移的类型和稳定性问题。

一　历时词语迁移探测

词语的历时迁移动态对应的是词语每一年在各主题中的分布情况。求解在特定年份下，目标词语的主题概率分布，有两种方法取向：一是对每一年的文本集合分别应用 LDA 模型进行主题抽取，然后将得到的主题—词项分布矩阵转置归一化，得到当年的词语—主题概率分布；二是基于对整体文本语料训练的 LDA 模型，给定目标词和特定年份的文档集合，使用条件概率推断的方法，估计目标词语的主题概率分布。

在实际研究中，第一种方法，即对每一年的文本集合进行一次 LDA 主题模型抽取的方法是不可取的。首先，仅以一年的文本数据量不足以支撑 LDA 模型的训练，得到的主题抽取结果质量会比较差。此外，每年单独训练的 LDA 主题抽取结果不能很好地同从整体语料中抽取得到的信息检索领域的五个重要主题对应起来，为后续词语迁移分析带来了困难。

基于此，我们采取第二种方法，应用概率推断方法，计算在给定特定年份文档集合的条件下，目标词语在各主题中形成分布的条件概率。事实上，在 LDA 模型的参数估计过程中，在获得了一篇文档的内容数据的前提下，对目标词的主题概率分布的计算可以由变分参数（Variational Parameter）Φ[1] 来估计：

$$q(z_{di} = k) = \Phi_{dw_dk}$$

q（·）是关于 Φ 的后验分布，Φ 值依赖于这篇特定文档的主

---

[1]　Hoffman M., Bach F. R. and Blei D. M., "Online Learning for Latent Dirichlet Allocation", in J. D. Lafferty, C. K. I. Williams and J. Shawe-Taylor, eds. *Advances in Neural Information Processing Systems* 23, 2010, pp. 856 – 864.

题概率分布（参数 θ）和各主题下的词项概率分布（参数 β）的联合分布，

$$\Phi_{dwk} \propto exp\{E_q[\log\theta_{dk}] + E_q[\log\beta_{kw}]\}$$

每个词语的 Φ 值加和等于这个词语在这篇文档中出现的总频次，归一化后，所得结果即这个词语在这篇文档中的主题概率分布（见表 5 - 7）。

表 5 - 7　　　　　编号 20143 文档中的 user 这一词语的主题概率分布

Doc ID	Year	Word	Topic 1	Topic 2	Topic 3	Topic 4	Topic 5	Sum
20143	2010	user	0.999904	7.22E - 06	2.53E - 05	6.16E - 06	5.72E - 05	1

即使是同一个词，如果来自两篇不同的文档，它们的 Φ 值也是不同的，即在不同文档中的相同的词语，具有不同的主题概率分布。对每一个目标词，本研究计算这个词在每一年的各文档中的主题概率分布的平均值，作为该词在对应年份的主题概率分布，由此绘制不同词语在不同主题中的历时迁移曲线。

二　词语迁移的类型

本章主要选取信息检索领域五个重要主题中，每个主题下排名前十的高概率词语进行词语迁移分析，本节首先对词语迁移的类型进行归纳和分析。各主题概率排名最高的前十个词语如表 5 - 8 所示。

表 5 - 8　　　　　　各主题下排名前十的高概率词语

Topic 1 User Study	Topic 2 Image Retrieval	Topic 3 Database Querying	Topic 4 Query Processing	Topic 5 Text Retrieval
research	image	query	query	document
user	feature	data	data	text
data	content	database	network	user
design	similarity	language	algorithm	relevance

续表

Topic 1 User Study	Topic 2 Image Retrieval	Topic 3 Database Querying	Topic 4 Query Processing	Topic 5 Text Retrieval
library	visual	relational	time	term
web	music	semantic	index	query
find	learn	integration	distributed	web
analysis	algorithm	structure	optimize	evaluation
medical	object	object	computing	rank
access	color	knowledge	tree	word

　　各主题下的高位词共 50 个，去掉重复词语（同一个词出现在多个主题的前 10 名词语中），共 42 个不重复的词。图 5 – 2 给出了这 42 个词语的迁移曲线。由第四章主题演化分析结果可知，信息检索领域的重要主题均形成于 1990 年以后，本章对词语迁移现象的分析从 1991 年起。

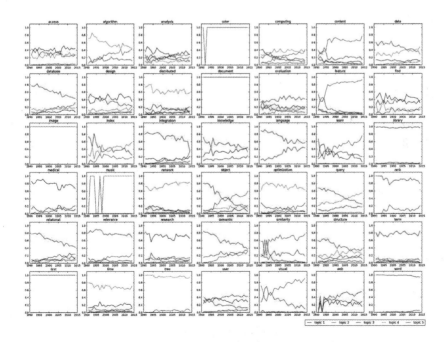

图 5 - 2　词语迁移曲线

图 5 - 2 中的每一个子图对应着一个词语在各主题中的历时迁移情况，横轴数值表示年份，纵轴数值表示词语在各主题中的分布概率。每个词语均有五条迁移曲线，对应这个词语在信息检索领域五个重要主题中的概率分布的历时变化。根据词语在迁移过程中主要分布的主题的数量，迁移的词语可以分为三种类型：无迁移、双主题迁移和多主题迁移。

（一）无迁移词语

无迁移词语指的是在不同时期始终稳定在一个主题中的词语。这类词语分布在某一个主题中的概率明显高于其他任意一个主题，且随着时间的推移，始终保持着在这个主题中的高概率分布。在词语主题分布图（见图 5 - 1）中，无迁移词语处于各类团的边缘区域，远离中心的各个主题交汇处，是长期稳定在同一主题中的主题核心词。图 5 - 2 中的代表性词语有 Color、Document、Image、Library、Text 和 Tree 等。进一步细分，可以继续分为平稳无迁移词语和波动无迁移词语。

1. 平稳无迁移词语

在一个主题中的历时分布概率接近于 1，曲线基本与纵轴的 1.0 数值齐平（图 5 - 3），如主题 5 中的 Document，主题 2 中的 Image，主题 1 中的 Library。平稳无迁移词语以显著概率只分布于一个主题当中，通常表达的是这个主题所研究的核心内容。以图 5 - 5 中的三个平稳无迁移词语为例，主题 5 的研究范畴为文本检索，核心内容之一是 Document 涉及的文档索引（Document Indexing）问题。主题 2 的研究范畴为图像检索（及其他多媒体检索），最主要的研究对象便是 Image（图像）。主题 1 的研究范畴为用户研究，Library 涉及的数字图书馆使用情况是核心研究内容之一。

2. 波动无迁移词语

波动无迁移词语同样以大幅领先于其他主题的显著概率只分布于一个主题当中，但是它们的概率并没有十分贴近 1.0，而是在一个较高的概率值附近波动，这个围绕波动的概率值通常大于 0.6

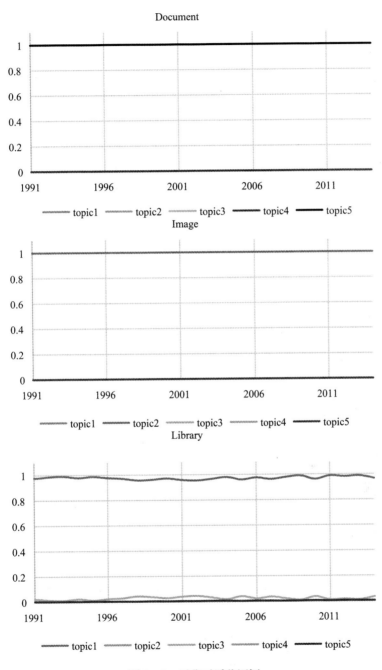

图 5 - 3　平稳无迁移词语

（见图 5 - 4）。这类词也与所属主题的核心内容相关，同时这些词语也
是一个常用词，因此也有一定的概率分布于其他主题当中，使得它们
显著属于的那个主题中的概率发生了波动，并且没有特别贴近于 1.0
（100% 概率）。典型的波动无迁移词语，如主题 4 中的 Network，主题 4
的研究范畴为查询处理，尤其现实世界网络（如通信网络）中的分布
式查询处理（Distributed Query Processing），与 Network 相关的内容正
是主题 4 的核心研究内容，分布式网络中的查询处理问题。主题 5 中的
Term，与主题 5 文本检索中的术语提取与挖掘（Term Mining）相关。

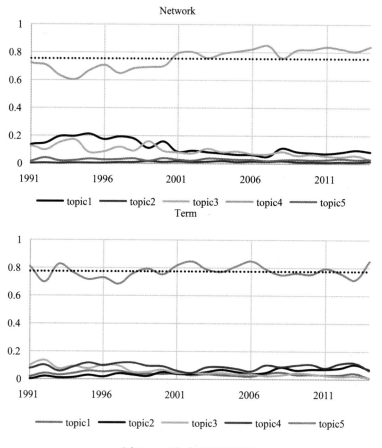

图 5 - 4   波动无迁移词语

注：水平虚线表示词语所属主题历年概率的平均值。

(二) 双主题迁移词语

双主题迁移词语是指只在两个主题之间迁移的词语。典型代表如 Language、Rank、Similarity、Visual 等。双主题迁移词语在词语主题分布图中，通常处于词语迁移的两个主题之间，且在两个主题中的迁移曲线是对称的，属于其中一个主题的概率上升时，属于另一个主题的概率就会下降。图 5-5 给出了两个具体的示例。

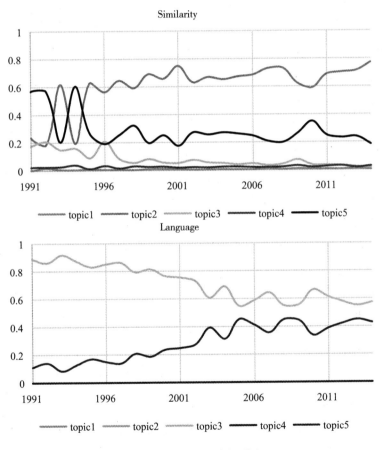

图 5-5 双主题迁移词语

Similarity 在主题 2 和主题 5 之间迁移。主题 2 的研究范畴是图像检索。根据第四章的主题演化分析，主题 2 在 1995 年之后开始发展，因此在 1995 年以前 Similarity 一词主要分布于主题 5 当中，主题 5 的研究范畴是文本检索，与 Similarity 相关的内容是文本或文档之间的相似性计算。值得注意的是，Similarity 一词 1993 年在主题 2 中的概率突然升高到 0.6，而当年在主题 5 中的概率只有 0.2 左右。追其原因，1993 年，涌现了一些关于图像数据库系统的研究[①]，用于支持基于内容的图像存储和图像检索，因而使得 Similarity 在 1993 年以较高的概率被分配到主题 2 当中，相关内容为图像属性（形状、颜色等）的相似性计算。1995 年，主题 2 开始形成并迅速发展，与 Similarity 相关的上下文开始倾向于图像以及其他多媒体资源（音乐、视频等）的相似性计算问题，并且在 1995 年之后一直以较高的概率分布于主题 2 当中。与此同时，Smilarity 在主题 5 中的概率仍保持在 0.2 左右。在 Similarity 的迁移过程中，它的语义发生了扩展，由最初只在主题 5 当中表示文本或文档之间的内容相似性，增加了之后在图像检索中图像和多媒体资源属性的相似性含义，且该词的语义最终稳定在了这两种语境当中。由上下文变化所反映的词语语义变化是词语多义性的显性表达。一个词语可以表达多种含义，可以认为是几种思想或创新的集合，区分这个词具体表达是哪方面的含义，可以通过分析词语所属的主题的研究范畴和所处的具体上下文来获得。

Language（见图 5-5）在主题 3 和主题 5 之间迁移。主题 3 的研究范畴是数据库查询，Language 在主题 3 中时，与数据库查询语言（Query Language in Databases）相关联。主题 5 的研究范畴是文本检索，Language 在主题 5 中时，通常处于跨语言检索（Cross-language Retrieval）的上下文之中。双主题迁移词语的迁移曲线通常是水平轴对称的。如 Language 的迁移曲线所示，当 Language 在主题 3

---

① Petrakis E. G. M. and Orphanoudakis S. C., "Methodology for the Representation, Indexing and Retrieval of Images by Content", *Image and Vision Computing*, Vol. 11, No. 8, 1993, pp. 504 – 521.

中的概率下降时，在主题 5 中的概率则相应上升。这样此消彼长的趋势反映了 Language 从主题 3 到主题 5 的一个迁移方向。也就是说近年来，相比于主题 3 中的数据库查询语言，主题 5 中的跨语言检索问题得到了更多的关注。通过词语迁移方向的分析，能够区分科研主题演化过程中，与目标词相关的研究问题的受关注程度的变化。

（三）多主题迁移词语

多主题迁移词语指的是一个词语随着科研主题的演化在多个主题（大于 2）当中迁移，词语迁移曲线涉及在多个主题当中的波动情况。多主题迁移词语通常与多种应用情境相联系，在词语主题分布图中，多主题迁移词语因在多个主题中均有分布，位于图谱的中心地带。典型的多主题迁移词语如 Database、Evaluation、Index，Knowledge、Query 等。示例如图 5 - 6 所示。User 在 20 世纪 90 年代主要在主题 1、主题 3 和主题 5 当中迁移：在主题 1（用户研究）中的相关内容是学术用户的电子图书馆及图书馆联机目录（Online Public Access Catalogs，OPAC）的使用情况，在主题 3（数据库查询）中的相关内容是面向用户的数据模型（Data Model）和查询语言，在主题 5（文本检索）中的相关内容是面向用户的文档分类聚类和检索词分析。2000 年以后的迁移曲线逐渐分化，User 在主题 1 和主题 5 当中得到了更多的关注：主题 1 关注的用户群体引入了医疗健康信息检索用户，主题 5 越发关注基于用户特征的个性化网络搜索设计。

Web 在主题 1、主题 3 和主题 5 之间迁移。图 5 - 6 中第三张图（最底端）给出的是 Web 的全局关注度。全局关注度表示的是，在标题中提到 Web 这个词的文章的比例。举例说明，2003 年的 Web 的全局关注度在整个时间轴上达到峰值，关注度数值在 10% 左右。这里 10% 的含义是，假设 2003 年总共有 100 篇文章发表，其中的 10 篇文章在标题中出现了 Web 这个词。由 Web 的全局关注度曲线可知，在本书使用的语料库中，Web 在 1993 年及以前很少被使用。但它的关注度从 1994 年开始迅速增加，并在 2003 年达到顶峰，随后稍有下降，2010 年以后在 5% 附近波动。

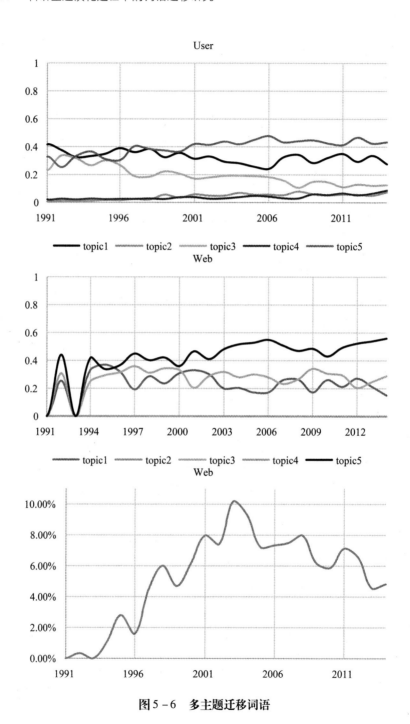

图5-6　多主题迁移词语

鉴于 Web 是从 1994 年才开始被广泛提及，我们从 1994 年开始考察 Web 的迁移曲线（图 5 - 8 第二张图）。在曲线开端（1994 年），Web 在主题 1、主题 3 和主题 5 中的概率分布基本持平，各占 0.3（≈1/3）左右。属于主题 5 文本检索的概率，之后逐渐增加，与另外两个主题分化开来，向 0.6 的概率逼近上升。同时，Web 在主题 1 和主题 3 中的概率最终各自稳定在 0.2 左右。Web 的迁移方向是从主题 1 和主题 3 向主题 5 迁移，主要原因是随着文本检索领域研究的不断发展和技术理论的日趋成熟，Web 更多地与网络环境下的文本检索、网络搜索引擎设计等内容相联系，因此与主题 5 的研究范畴更相合。Web 的迁移过程反映的是词语的主题背景由普遍性向特异性发展的过程。

（四）词语迁移活动与科研主题演化的联系

词语在迁移过程中属于某一主题的概率表示的是这个词在该主题背景下被研究的可能性的大小。如果一个主题中的多个词语都表现出向外迁移的趋势，也就是说，多个词语属于该主题的概率都表现出一种下降趋势的话，预示着这个主题的活跃度在下降，在整个学科领域中占有的内容比例在收缩。这种词语迁移与主题演化之间的联系在词语的多主题迁移情况中尤为明显。由于主题的收缩，与词语相关的研究和应用不再以以往的比重置于同一主题背景下，而是迁移渗透到了其他若干主题当中，并在新的主题中产生知识的创新和再造。在五个全局主题中，主题 3（数据库查询）便对应着上述情况。图 5 - 7 到图 5 - 9 给出了主题 3（数据库查询）中的三个高概率词语的迁移情况：Database、Semantic 和 Query，用于说明多个词语在同一主题中概率下降与科研主题演化之间的关系。

图 5 - 7 中，Database 是主题 3（数据库查询）的核心词语，因此属于主题 3 的概率一直稳居第一，但同时也在持续下降。Database 的迁移方向是从主题 3 向主题 1、主题 2 和主题 4 迁移，尤其是向主题 2，因为 Database 在主题 2（图像检索）中的概率从 2010 年往后仍在持续上升。Database 的全局关注度（图 5 - 9 第二张图）也处于

一个下降的趋势。此处重申，一个词在某一年的全局关注度指的是，当年发表的全部文章中，在标题部分出现这个词的文章数占文章总数的比例。Database 全局关注度的下降，说明整个信息检索领域对于数据库本身的研究已经不是重点内容。在信息检索领域，数据库技术发展比较成熟，相比于对自己本身的创新，数据库更多的是作为其他信息检索任务的基石而存在，因此在后期（2005 年以后）更多地与各主题中的具体问题结合起来，例如主题 2 中的图像数据库，而不只局限于主题 3 中的数据库查询问题。

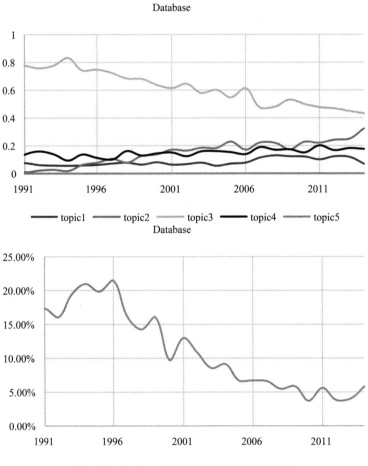

图 5-7   Database 的迁移曲线与全局关注度

值得注意的是，即使一个多主题迁移词语在某一个主题当中的概率持续下降，它的全局关注度却可以表现出下降、上升或者平稳等各种趋势。图 5−7 中 Database 的全局关注度在下降，下面将给出的两个词语 Semantic 和 Query，它们的全局关注度则是前者上升，后者平稳。

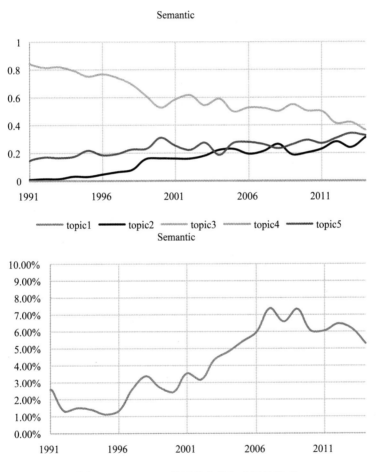

图 5−8　Semantic 的迁移曲线与全局关注度

Semantic 最初主要属于主题 3，相关内容为语义查询（Semantic Query），其后逐渐向主题 2 和主题 5 迁移，在主题 2 中与图像语义检索（Semantic Image Retrieval）相关，在主题 5 中与文本语义检索

（Semantic Text Retrieval）相关。Semantic 的全局关注度整体上处于上升趋势，从最开始只有1%的关注度，2006年上升到了6%—7%。Semantic 全局关注度的上升，说明信息检索领域的各个主题都开始关注本领域研究问题的语义属性。在科研主题演化过程中，Semantic 由最开始只在数据库查询的语义查询中出现，到后来被各个主题都开始研究，并且随着主题3在全领域中活跃度的逐渐下降，Semantic 表现出向主题2和主题5迁移的趋势，并分别在图像检索和文本检索领域发展出新的创新和应用。

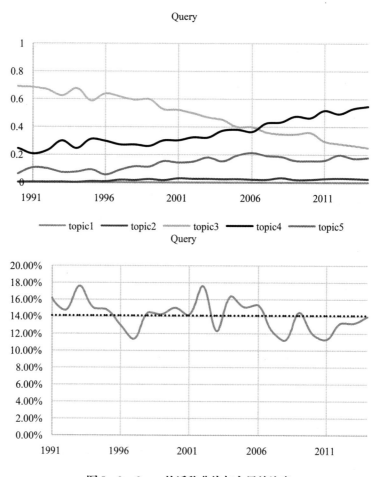

图5-9　Query 的迁移曲线与全局关注度

　　Query 比较明显的是在主题 3 和主题 4 中迁移，同时在主题 5 中保持着 0.2 左右的概率分布。Query 同时是主题 3（数据库查询）和主题 4（查询处理）的核心词，由第四章的主题演化分析可知，主题 4 由主题 3 演化而来，继承了主题 3 的部分理论基础，并在此之上发展出自己的研究主题，逐渐独立与成熟。Query 从主题 3 到主题 4 的迁移，对应着的是知识的传承与发展，主题 4 继承了主题 3 中对查询语言的已有理论，并在此之上提出新的技术和新的应用，完成了关于查询处理技术的知识重构和再造，在分布式网络中的查询处理方面得到了发展。Query 的全局关注度比较平稳，每一年始终有大约 14% 的发表文章在标题中出现了 Query 一词。全局关注度保持稳定，说明 Query 在整个领域中始终是比较重要的一个词，围绕它的研究在领域中也一直占有比较稳定的比例。同时，Query 表现出从主题 3 到主题 4 的迁移特征，说明在全局关注度稳定的同时，与 Query 相联系的具体理论、技术和应用等发生了改变，由传统的数据库技术转向进阶的基于分布式网络的查询处理技术。

　　综上所述，图 5-7 到图 5-9 给出了在一个整体处于衰落趋势的主题（主题 3）下，多主题迁移词语在本主题概率下降时，向其他主题迁移的情况。主题活跃度的下降与词语的迁移是同时发生的，在主题 3 逐渐衰落的过程中，主题下的词语迁移到其他主题中发展出新的语义和应用。有的词如同 Database，词语本身不再作为一种创新被学者们研究，而是作为其他技术的基础与具体应用结合向其他主题迁移，同时这个词本身的全局关注度在下降。其他一些词如 Semantic 和 Query，在全局关注度上保持平稳或者上升，与这些词相关的创新依然得到领域的广泛关注，词语在主题衰落时向其他主题迁移，词语在新的主题中发展出新的语义，通常关联着新的创新和知识的再造。

三　词语迁移的稳定性

　　为方便查看，此处再次给出各主题高概率词语迁移曲线的整合图（图 5-10）。对应词语迁移的三种类型，观察图 5-10 中各词语的迁移曲线：无迁移词语的曲线通常是稳定水平，迁移词语（双主题迁移和多主题迁移）在各主题中的迁移曲线具有收敛和发散两种形态。从词语迁移的稳定性出发，我们主要考察三种情况：稳定型、收敛型和发散型。

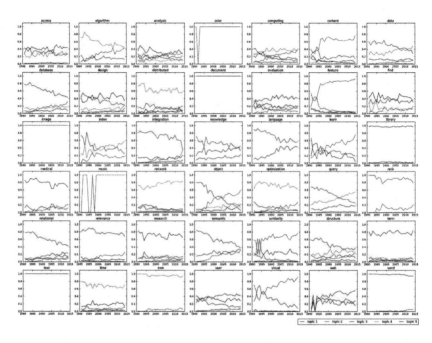

图 5-10　词语迁移曲线

稳定型词语以一组稳定的概率分布于各个全局主题当中，通常情况下是以较高的概率分布于一个主题下，而在其他主题中的概率则比较低。对应词语迁移的三种类型，稳定型词语通常对应的是无迁移词语，也即反映主题的主要研究内容、研究对象和研究方法的核心词语。

发散型词语在起始年份，一般以比较均匀的概率分布于多个（大于等于2）主题当中，但在发展过程中，词语在某一个到两个主题中的概率将显著领先于其他主题，从而使得迁移曲线发生了分化。代表性的发散型词语如多主题迁移词语 Web 和双主题迁移词语 Visual（见图 5-11）。

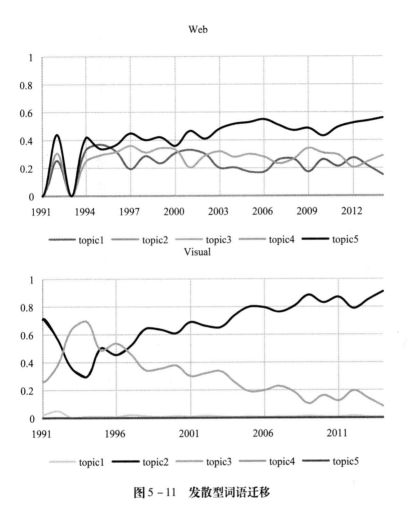

图 5 - 11　发散型词语迁移

　　Web 的历时迁移情况在上节的多主题迁移词语中已经有所阐述。Visual 主要在主题 2（图像检索）和主题 3（数据库查询）之间迁移。主题 2 与 Visual 相关的内容是可视化查询语言（Visual Query Language）；主题 3 与 Visual 相关的内容是视觉特征（Visual Features）或人类视觉感知（Human Visual Perception）。1997 年之前，Visual 在主题 2 和主题 3 中的概率均在 0.5 上下波动，但从 1998 年开始明显偏向于主题 2，2010 年以后，Visual 属于主题 3 的概率已经趋近于 0。Visual 的迁移特征受到主题 2 从 1995 年之后蓬勃发展和主题 3 从 2005 年之后逐渐衰落的综合影响。词语的发散式迁移过程表现的是一个词由主题普遍性向主题特异性发展的过程，比如 Web 这个词，在 20 世纪 90 年代刚刚被提出的时候，各个主题都将它作为一个新名词和新概念来研究，并没有明显的主题归属。但随着搜索引擎和文本检索的相关研究发展成熟，Web 越来越集中地出现在文本检索主题的研究当中，在这一主题中的概率便显著超过其他主题，使得迁移曲线分散开来。

收敛型词语的概率最初只分布于一个主题当中，但随着词语向其他主题的迁移，在后期基本均匀地分布在多个主题当中。Semantic 是一个典型的收敛型词语（见图 5-12），其迁移过程在上节的多主题迁移词汇中已经阐述。词语的收敛式迁移过程，与发散式迁移正好相反，表现的是一个词由主题特异性向主题普遍性发展的过程。在 Semantic 的概念发起之初，语义特征基本只在数据库查询中以语义查询的形式被关注，但后期信息检索领域的各个主题都开始关注语义，与语义信息相关的应用也变得多样化（文本语义检索、图像语义检索等），而覆盖信息检索领域的各个主题分支，由此形成了词语的收敛式迁移，这往往表明这个词语在整个领域中的重要性的上升。

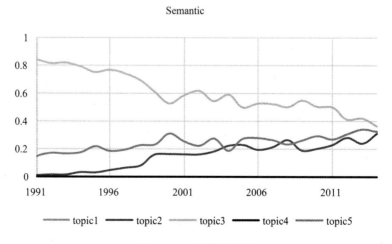

图 5-12　收敛型词语

第四节　词语语义变化

词语在主题中的迁移类比到现实中人类种群的迁移活动，词语相当于人群，主题相当于不同的地域。知识经济研究表明，移民所带来的新技术，在新的地区形成扩散后通常会经历一个"再创造"过程，以适应当地的文化背景、经济水平和社会发展。同理，词语在迁移到不同的主题中后，由于主题研究范畴的改变，与其相关的创新和应用也可能会发生变化，而形成词语语义的再生或扩展。本节考察词语迁移过程中的词语语义的变化，基于词语所处的上下文对词语语义进行表示，应用基于分布假说和词语分散式表示构建的Word2vec 词嵌入模型进行词语语义相似度的探测。

一　分布假说与词嵌入模型

（一）分布假说与分布相似性

1954 年，Harris 首次提出词语的分布假说（Distributional Hypothesis）[1]，认为上下文相似的词语，语义也相似。1957 年，Firth 对分布假说进行了进一步的明确阐述：词语的语义取决于它的上下文。[2] 分布假说根据上下文区分词语语义，从语言使用情况的角度反映词语的语义属性。在语言学学者的研究中，与分布假说相关的其他表述有"意思相近的词语，具有相似的上下文"[3]，"在语料数据

---

① Harris Z. S. , "Distributional Structure", *Word*, Vol. 10, No. 2 - 3, 1954, pp. 146 - 162.

② Firth J. R. , "A Synopsis of Linguistic Theory, 1930 - 1955", in J. R. Firth et al. , eds. *Studies in Linguistic Analysis*, Special Volume of the Philological Society, Oxford: Blackwell, 1957, pp. 1 - 32.

③ Rubenstein H. and Goodenough J. B. , "Contextual Correlates of Synonymy", *Communications of the ACM*, Vol. 8, No. 10, 1965, pp. 627 - 633.

足够多的情况下，意思相近的词语，与它们相邻近的词也相似"①，
"如果一种词语的表示方式能够反映词语在文本当中的使用情况，那
么这种表示方式就能反映词语的语义特征"②，或者是"出现在相同
上下文当中的词语，具有相近的语义"③。分布假说的基本思想非常
清晰，即词语上下文的相似程度（分布状态）与词语语义的相似程
度密切相关，因此分布假说为基于分布相似性（Distributional Simi-
larity）的词语表示提供了理论基础，即通过上下文学习，可以对词
语语义进行表示和区分。

　　基于分布相似性的词语表示主要有两种类型：分布式表示
（Distributional Representation）和分散式表示（Distributed Represen-
tation）。两种表示方式生成的结果都可以是词向量，区别在于，分
布式表示通常通过词语共现矩阵获取词语的语义表示，共现矩阵
的每一行可以看作一个词对应的向量表示，这些向量的每个维度
具有实际的物理意义，其建模基础一般是词袋模型（Bag-of-words
Model）。词袋模型是自然语言处理和信息检索领域的一个基本假
设。词袋模型中，一篇文档表示为一组词语的无序组合，忽略词
语之间的顺序和语法功能。词语的分布式表示方法具有统计意义
上的分布性质，代表性模型，如 PMI（Point-wise Mutual Informa-
tion）、LSI 和 LDA。分散式表示得到低维稠密的词向量，向量的每
个维度表达的是文本整体所潜在的某种语法或语义特征，不具有
特定的物理意义，但通过得到的向量可以以较高的质量比较词语

　　①　Schütze H. and Pedersen J. , "Information Retrieval Based on Word Senses", *Pro-
ceedings of the 4th Annual Symposium on Document Analysis and Information Retrieval*, Las Ve-
gas, NV, April 24 – 26, 1995, pp. 161 – 175.

　　②　Landauer T. K. and Dumais S. T. , "A Solution to Plato's problem: The Latent Se-
mantic Analysis Theory of Acquisition, Induction, and Representation of Knowledge", *Psycho-
logical Review*, Vol. 104, No. 2, 1997, p. 211.

　　③　Pantel P. , "Inducing Ontological Co-occurrence Vectors", *Proceedings of the 43rd
Annual Meeting on Association for Computational Linguistics.* Association for Computational Lin-
guistics, 2005, pp. 125 – 132.

语义间的相似度，且因其低维稠密的特性，能够有效缓解分布式表示容易导致的维数灾难（Curse of Dimensionality）问题，其建模基础通常是神经网络（Neural Networks）。代表性的词语分散式表示方法包括近年来发展迅速的词嵌入模型（Word Embeddings，如 Word2vec），通过对词语的上下文进行预测（Skip-gram），或基于上下文对词语进行预测（CBOW，Continuous Bag of Words）[①]，来学习词语的低维稠密向量表示。本节对词语上下文随时间的变化研究，应用基于分布假说和词语分散式表示构建的 Word2vec 词嵌入模型进行探测。

（二）词嵌入模型与词向量

词嵌入模型通过对词语的上下文信息的学习，将文本形式的词语表示为语义空间中的低维稠密实数向量，称为词向量。词向量的训练结果表达为：对词典中的任意词，指定一个固定长度的实数向量属于 m 维实数空间，这个实数向量就是关于该词的词向量，维数 m 是词向量的长度。最简单的词向量为独热表示模型（One-hot Representation），每一个词的向量长度等于包含全部词的词典长度，向量的所有分量中只有一个 1，其余分量为 0，为 1 的分量位置对应该词在词典中的索引位置。独热表示很容易遭遇维数灾难问题，且不包含语序和上下文信息，不能表达词语的语义，因此不能很好地刻画词与词之间的相似性。

词向量与语言模型有着密切的关系，统计语言模型是自然语言处理中的重要模型，它是所有自然语言处理问题的基础，被广泛应用于语音识别、机器翻译、分词、词性标注和信息检索等任务中。

---

① Mikolov T., Sutskever I. and Chen K., et al., "Distributed Representations of Words and Phrases and Their Compositionality", in C. J. C. Burges, L. Bottou and M. Welling, et al., eds. *Advances in Neural Information Processing Systems* 26. Curran Associates, 2013, pp. 3111–3119.

目前比较先进的词向量训练方法一般为基于神经网络（Neural Networks）的词嵌入（Word Embeddings）模型。基于神经网络的词嵌入模型，对目标词、目标词的上下文，以及目标词与上下文之间的关系进行建模。神经网络适用于处理大数据量的文本集合，且可以表示复杂的上下文。

在传统的分布式词表示模型中，通常以保留词语先后顺序信息的 N-gram 作为上下文的窗口长度。N-gram 指的是文本中连续出现的 n 个词语，通过 n 个词语出现的概率来推断语句的结构。N-gram 模型的基本思想是，假定一个词出现的概率只与它前面的 $(n-1)$ 个词相关，它是基于 $(n-1)$ 阶马尔可夫链的一种概率语言模型。在计算语言学中，常用的 N-gram 有 Unigram、Bigram 和 Trigram。

在分布式词表示模型中，当上下文的窗口长度 n 增加时，N-gram 的总量将呈指数级增长，此时将遭遇维数灾难。通过神经网络对 N-gram 进行表示时，n 个词语会被重新组合，参数个数仅以线性速度增长，因此神经网络可以对复杂的上下文进行高效的表达，在输出结果的词向量中，可以包含更为丰富的语义信息。

在词语的分散式表示中，将每个词映射为固定长度的低维向量，所有词向量构成一个映射整个文本集合语义信息的向量空间，每个词向量都是这个空间中的一个点，词向量的各分量表达的是词语在这个空间中的坐标，词向量之间的距离表达的是词与词之间的语法上或语义上的相似性。在分散式表示中，词语的语法和语义信息被"分散"到了低维向量中的各个分量中，而不像独热表示中的那样，仅由一个为 1 的分量单独表示。

二　Word2vec 词表示技术

将文本表示成可以被机器理解的形式，是机器学习研究的基本问题。词语是承载语义的最基本单元，将词表示为机器可以理解和运算的形式始终是机器学习领域的研究热点，基于自动学习的词表示技术也得到不断地发展。近年最成功的案例当数由 Google 团队开发的 Word2vec 工具包。

Word2vec 是 Milkolov 带领的 Google 团队于 2013 年开发的一个用于获取词向量的工具包，由于 Word2vec 算法简单高效，获取的词向量结果质量高，受到机器学习领域的广泛关注。

Word2vec 是一个基于分布假说构建的分散式词表示工具。分布假说认为词语的语义由其所处的上下文决定，具有相似语义的词，应具有相似的上下文。Word2vec 中包括两个模型，Skip-gram 和 CBOW，训练结果都是将语料中所有的词表示为相同维数的分量为实数的连续向量。这两个模型原理类似，其实质是一个双层的神经网络，只是预测过程互为逆过程（图 5 – 13）：Skip-gram 在给定目标词的条件下，求解能够最大化上下文出现的条件概率的词向量；CBOW 在给定上下文的条件下，求解能够最大化目标词出现的条件概率的词向量。

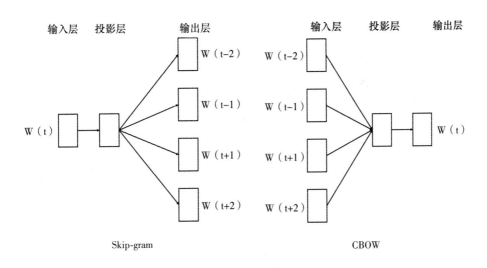

图 5 – 13　Word2vec 中的两种主要模型示意图

下面对 Skip-gram 模型的定义和原理进行概述，CBOW 模型可看作 Skip-gram 模型的逆过程，两者的参数估计过程基本相同。

记 V 为语料库中不重复的词语的集合，记 S 为组成语料库的所有句子的集合。目标词 w_t 位于单句 s 中，w_t 上下文的词语集合记为 $N_s(w_t)$，上下文中的词记为 w_i。Skip-gram 模型求解的词向量的值，是在给定目标词条件下，能够最大化上下文的条件概率的词向量的值，即使 $p[N_s(w_t) \mid w_t]$ 最大化，其中，上下文集合中的词语在给定目标词的条件下，互相条件独立，因此上下文的条件概率可以表示为上下文中每一个词的条件概率的乘积，即，

$$p(N_s(w_t) \mid w_t) = \prod_{w_i \in N_s(w_t)} p(w_i \mid w_t)$$

记求解的词向量的维数为 d，模型的目标是得到一个关于目标词的映射（函数）$f: V \to R^d$，使得目标词 $v \in V$ 对应到 d 维向量空间中的一个实数向量 $f(v) \in R^d$。以及关于上下文的另一个映射（函数）$g: V \to R^d$，使得上下文中的词 $v \in V$ 也对应到 d 维向量空间中的一个实数向量 $g(v) \in R^d$。以这两个函数作为变量，Skip-gram 模型使用 Softmax 函数对上下文在给定目标词后的条件概率进行建模，

$$p(w_i \mid w_t) = \frac{exp[g(w_i)^T f(w_t)]}{\sum_{w_i \in V} exp[g(w_i)^T f(w_t)]}$$

在整个语料中针对上述表达式进行最大似然估计，即可求得 f 和 g。f 和 g 可以看作两个线性变换函数，

$$f(w_t) = W_f w_t$$
$$g(w_i) = W_g w_i$$

其中 $w_. \in R^d$ 为词语的独热向量表示（One-hot Representation），即向量长度为 $|V|$ 等于字典长度，词语在字典中索引所对应的分量值为1，其余分量值均为0的词向量。W_f 和 W_g 为求解 f 和 g 得到的参数矩阵。由上述线性变换可知，Skip-gram 模型是具有一层隐藏层的神经网络，通过目标词的独热向量表示，来预测上下文的低维稠密向量表示。

三　数据处理

本节应用 Word2vec 词嵌入技术，根据词语的上下文信息，对词语语义进行表示。Word2vec 以句子为单位探测词语的上下文，首先需要将以文档为单位分割的原始语料继续细分为以句子为单位。如果不按照句子划分语料，而依然以文档划分语料，造成的结果是一句话句末的 n 个词语与下一句话句首的 n 个词语被判断为互为上下文，导致词向量预测上的误差。n 的取值与上下文窗口大小的选择相关，例如，将 n 取值为 2，则检测目标词语出现位置的前两个词和后两个词作为目标词的上下文信息。

原始语料为信息检索领域的 20359 篇文献，分割为句子后，每篇文档是一个二维列表，列表的元素为这篇文档的所有句子，每个句子本身也是一个列表，句子列表的元素为句子中出现的每一个词语，词语类型以字符串表示，形式如下：

sentences = [['first', 'sentence'], ['second', 'sentence']]

对分割处理为句子形式的文本语料实施 Word2vec 模型，计算原理如第五章第四节第二小节所述，输出结果为字典中的每个词，对应一个固定维数的实数向量。考虑本书所使用的数据集的大小，本节采用 Word2vec 模型的常用值，选取词向量的维数为 100 维。输出的词向量如表 5-9 所示。

表 5-9　　　　　　　　　　词向量示例

词语	词向量（100 维）
query	(0.467552，-2.031277，-1.712295，…，0.518877，-0.493766，-1.732974)
image	(-0.655203，1.217866，-1.284322，…，0.616633，0.592486，0.036463)
semantic	(0.675473，0.315660，-1.307766，…，-0.487085，-0.749494，-0.882005)

词语语义的相似度，也就是词语上下文的相似度，通过计算 Word2vec 词向量之间的余弦相似性得到，计算公式如下：

$$S_{ab} = \frac{a \cdot b}{\|a\|\|b\|} = \frac{\sum_{i=1}^{n} a_i \times b_i}{\sqrt{(a_i)^2} \times \sqrt{(b_i)^2}}$$

假设有两个词语 A 和 B，a 和 b 分别对应词语 A 和词语 B 的 100 维词向量，分子为向量 a 和向量 b 的内积（Inner Product），等于 a 和 b 的对应位置的分量相乘再加和；分母为 a 和 b 的范数（Norm）的乘积，等于 a 和 b 各自分量平方和开根号之后再相乘。

以两个二维的词向量为例，假设词语 A 和词语 B 分别对应的向量为（1，2）和（3，4）。那么词语 A 与词语 B 的余弦相似性计算过程如下，首先求两个词向量的内积得到余弦相似性计算公式中的分子，即 $1 \times 3 + 2 \times 4 = 11$。再求两个词向量各自的范数，再将范数相乘得到余弦相似性计算公式中的分母，即 $\sqrt{(1^2 + 2^2)} * \sqrt{(3^2 + 4^2)} \approx 11.18$。分子分母相除即得词语 A 和词语 B 的余弦相似性，$11/11.18 \approx 0.9839$，也即由上下文反映的两个词语语义的相似度。

四 结果分析

根据分布假说，词语的语义由其上下文决定。本节通过探测词语上下文的改变，来识别词语的语义变化。如果将词语的迁移过程与词语语义变化结合起来考察，一般有四种情况（见表 5 - 10），这四种情况都是以某一个固定的目标词为对象：主题不变，语义不变；主题不变，语义改变；主题改变，语义不变；主题改变，语义改变。主题不变的词语对应的是无迁移词语，从稳定性来说是稳定词语。相应地，主题改变的词语对应的是双主题或多主题迁移词语，从稳定性来讲是发散式或收敛式迁移词语。

表5-10　　　　　　　词语迁移过程中词语语义变化的四种情况

主题	语义	Migration type
不变	不变	无迁移词语，稳定型词语
不变	变化	
变化	不变	双主题/多主题迁移词语，发散型/收敛型词语
变化	变化	

　　词语语义的表达同与词语相关的创新和应用紧密相连。如果与词语相关的创新有了新的发展，词语表达了新的概念或者新的应用，那么这个词的语义就会发生相应的改变。对应表5-5中的四种情况，下面对应每一种情况分别举例说明。时间段划分与演化动态分析部分和词语迁移类型分析部分的划分相一致，从1990年以后开始，每五年划分一个时间段，共五个时间段。每个时间段给出了与目标词最相似的前10个词语。词语之间的相似性由词语的上下文的相似性决定，上下文的相似性通过计算Word2vec词向量之间的余弦相似度得到。

　　另外需要注意的是，本节相似词语指代的是上下文相似的词语，包括两类词：一是频繁共同出现的词，它们总是处于相似的上下文当中；二是近义词，由于意思相近，而具有相似的上下文。

　　对应表5-5中结合词语在主题中迁移活动的四种词语语义变化情况，现做如下分析。

（一）主题不变，语义不变

　　图5-14给出了每个时间段与Document最相似的前10个词（时间顺序：从左到右，先行后列）。Document是主题5文本检索中的无迁移词语，从右下角的迁移曲线可知，Document的主题概率分布始终只分布于主题5当中。Document的语义也比较稳定，与之相似的词语主要固定在与文本相关的词语当中，如Text、Passage和Word等。

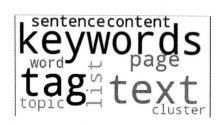 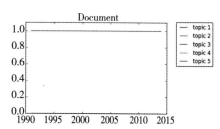

图 5 - 14   词语迁移过程中的词语语义变化：主题不变，语义不变

（二）主题不变，语义改变

图 5 - 15 给出了每个时间段与 Library 最相似的前 10 个词语。Library 是主题 1 用户研究的核心词语，与数字图书馆和数字资源的使用等内容相关。迁移曲线显示 Library 是一个无迁移词语，也就是说，Library 始终稳定地归属于主题 1，但其由上下文反映的语义是有所改变的。观察各个时间段与 Library 相似的词语组成，图书馆具有向数字化和电子化发展的趋势，且从 2000 年之后，越来越关注数字资源在健康和医学信息检索中的应用。

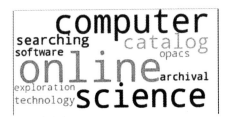 

 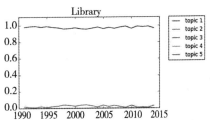

图5-15　词语迁移过程中的词语语义变化：主题不变，语义改变

（三）主题改变，语义不变

图5-16给出了每个时间段与Web最相似的前10个词语。由Web的迁移曲线可知，Web在主题5、主题1和主题3之间迁移，是一个多主题迁移词语。虽然随着时间的推移，Web在各主题中的概率分布不断改变，但与Web相关的上下文内容是比较稳定的，主要围绕在world wide web、internet和engine等与互联网和搜索引擎相关的语义上。但在2010年以后，加强了对用户界面（Interface）和社会化标签（Social Tagging）的关注。

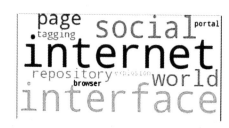

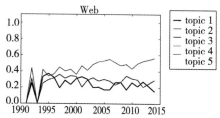

图 5 – 16　词语迁移过程中的词语语义变化：主题改变，语义不变

（四）主题改变，语义改变

图 5 – 17 给出了每个时间段与 Language 最相似的前 10 个词语。Language 是双主题迁移词语，主要在主题 3 数据库查询和主题 5 文本检索之间迁移。在主题 3 中时，与之相关的内容是查询语言（Query Language）；在主题 5 中时，与之相关的内容是跨语言检索（Cross-language Retrieval）。另外，Language 上下文也随着时间的推移发生了显著的改变，这种改变主要是由新概念的提出引起的，一个典型的新概念产生例如 xml 的提出。在 2000 年以前，查询语言主要与关系数据库和关系代数相关，2000 年以后，随着 xml 的提出，查询语言开始与 xquery、xpath 等 xml 衍生技术，以及其他新发展的

元数据描述框架和语言如 rdf 和 sparql 等联系起来。此外，由于 Language 一次在跨语言检索相关应用中的使用，自然语言处理（Natural Language Processing）在 2010 年以后的重要性得到了显著的提升。

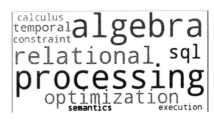

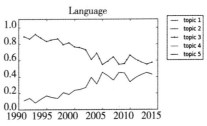

图 5 - 17　词语迁移过程中的语义变化：主题改变，语义改变

第五节　本章小结

　　经过前面章节对信息检索领域重要主题的演化过程的分析，我们对信息检索领域各时期的主题结构和研究内容已有较为全面的了解。在此基础上，本章将对科研主题演化的分析深入词语层面，指出并分析了科研主题演化过程中的词语迁移现象。

本章首先对词语迁移的概念给出了定义，表述为：相同的词语出现在不同的主题当中。类比现实世界中普遍存在的迁移现象（如人类种群的地域性迁移），词语相当于人群，主题相当于不同的地域。

基于 LDA 主题模型训练结果中的主题—词项概率分布，变换得到基于整体语料的词语—主题概率分布，由此分析了在 1956—2014 年字典中保留词语的主题分布情况，并绘制了词语的主题分布图谱。

其后引入时间标签，考察词语在主题中的历时迁移情况。通过 LDA 主题模型中的变分参数 Φ 来估计特定文档中词语的主题概率分布。词语在某一年的主题概率分布则由词语在当年各文档中的主题概率分布的平均值计算得到。基于引入时间标签的词语—主题概率分布，本章归纳并分析了词语迁移的三种类型，分别为：无迁移词语、双主题迁移词语和多主题迁移词语。分析了词语迁移的稳定性，主要关注收敛型和发散型两类曲线所反映的词语迁移与主题演化之间的关系。

在对词语迁移现象和过程进行分析的基础上，本章继续深入考察词语在迁移过程中发生的语义变化。基于分布假说通过词语的上下文对词语语义进行表达。应用 Word2vec 词嵌入模型将文本形式的词语转化为数学形式的词向量，通过计算词向量之间的余弦相似性探测具有相似上下文（或者说相近语义）的词语组合，并结合词语迁移类型，对词语迁移过程中的语义变化进行了分类分析。

本章需要明确的一点是，词语迁移活动涉及了多种知识分布和知识扩散状态。根据本章明确的词语迁移概念，词语迁移表现为相同的词语分布于不同的主题当中，在本章挖掘考察的词语迁移现象当中，至少涉及了两类知识扩散状态：一类是如 query 这样的词语，query 在主题 3 和主题 4 之间迁移，与其相关的概念和应用均指向 query language（查询语言），两主题之间共享的相同词语同时表达着相似的创新；另一类是如 language 这样的词语，当 language 在主题 3

和主题 5 之间迁移时，在主题 3 中指向的研究问题是 query language（查询语言），而在主题 5 中指向的研究问题是 cross-language retrieval（跨语言检索），两主题虽然共享相同的词语，但是与其相关的是完全不同的创新，实际上基于这一相同的词语并未发生相应的知识扩散。正如本书开篇图 1 - 1 中展示的词语迁移与知识扩散之间的关系图所示，根据本书明确的词语迁移定义，它实质上是对词语分布的探测，基于对词语迁移活动的分析，可能会发现主题之间的知识扩散（相同词语表达相同概念），也可能会发现主题之间的知识壁垒（相同词语表达不同概念）。

第 六 章

科研主题演化过程中的
词语迁移规律

上一章提出了科研主题演化过程中词语迁移的概念，对词语的迁移活动进行了现象层面的探讨，分别识别和分析了词语迁移的类型、稳定性和迁移过程中的语义变化。在了解了现象的基础上，本章进一步对词语迁移过程中的一般性规律进行考察。在计算语言学和其他词语分析的相关研究中，词语语义的变化与词语被使用的频率以及词语所处的上下文的变动密切相关①。从上述研究基础出发，本章提出三个关于词语迁移规律的假设，从词语的上下文相似性、语义多样性和对于特定主题的重要性三个方面，考察上述三个属性与词语迁移程度的关系，并基于词语—主题概率分布对词语迁移的程度进行了定量化的表示。

第一节　定量化词语迁移

本章的词语迁移规律研究涉及词语本身属性以及词语与主题的

---

① Hamilton W. L. , Leskovec J. and Jurafsky D. , "Diachronic Word Embeddings Reveal Statistical Laws of Semantic Change", *arXiv Preprint arXiv*：1605. 09096, 2016.

关系对词语迁移程度的影响分析，首先需要对词语迁移程度进行定量化的表示。

一　问题提出

在第五章词语迁移现象的分析中，词语的迁移活动可以由目标词语在五个主题中的历时分布表示，将目标词各年份的主题概率分布串联起来，形成的词语迁移曲线是对词语迁移活动的可视化表达（图6-1）。在图6-1中，每条曲线代表一个主题，五条曲线对应五个全局主题。横轴表示年份，纵轴表示词语某一年属于某个主题的概率。图中给出了 image、language、data 和 semantic 四个词语的迁移曲线。Image 在主题2中的曲线始终平稳在1.0，表示 Image 这个词在各个年份都以100%的概率属于主题2图像检索。

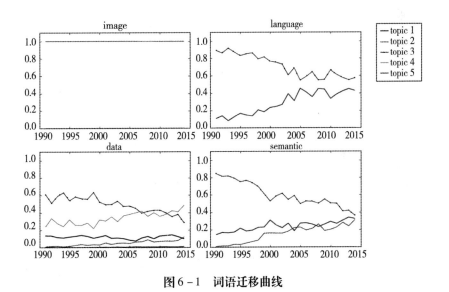

图6-1　词语迁移曲线

然而，仅通过词语迁移曲线并不能很好地判断一个词语的迁移程度。首先，我们对词语迁移程度的含义进行说明。我们可以简单地认为，词语迁移程度表示的是词语迁移活动的频繁程度，更具体一点的解释是，一个词语是否经常在不同的主题中出现，还是总是稳定在同一个主题当中。

能够直接通过词语迁移曲线判断词语迁移程度的词语只有一种类型，即无迁移词语。无迁移词语总是稳定在同一个主题当中，因此这类词所对应的迁移程度通常是比较低的。由图6-1，我们唯一可以肯定的只有 image 在四个词语当中的迁移程度最低，因为它是无迁移词语，其主题归属总是处于主题2当中。但是 language、data 和 database 这三个词语的迁移程度则很难直观地比较。

本节的研究目标是对词语迁移程度进行定量化的表示，基于已经计算得到的词语在各主题中的历时概率分布（词语迁移曲线），选取合适的指标，对词语迁移程度进行定量化的测度。

二 基于信息熵的词语迁移定量化表示

仍以图6-1中的四个词语为例，我们首先进行一下定性的分析，language 是双主题迁移词，data 也主要在两个主题（主题3和主题4）当中迁移，但在其他主题中也占有少量的分布，其双主题迁移性没有 language 那么强，data 在各个主题当中的分布更为分散，从感觉上 data 的迁移程度要比 language 高一些。semantic 是多主题迁移词，但是比较集中地分布在三个主题当中（主题2、主题3和主题5），不像 data 的曲线在五个主题中多多少少都有分布，从感觉上 semantic 的迁移程度比 language 高，而比 data 低。

从上述定性分析可知，一个词语的迁移程度是与这个词在各个主题当中分布的均匀程度相联系的。那么我们现在要定量化地表示一个词语的迁移程度，这个问题便转化为寻找一个能够表示词语的主题概率分布的均匀程度的指标。抽取这个问题的核心，是对概率分布的测量，也就是对不确定性的测量。测量一个系统的不确定性，等价于测量这个系统的熵。

熵（Entropy）的概念起源于物理学，用于度量一个热力学系统的无序程度。熵被用于计算一个系统中的失序现象，也就是计算该系统混乱的程度。在信息论（Information Theory）中，信息熵是对不确定性的测量。Shannon 在 1948 年发表的文章 "A Mathematical The-ory of Communication"[①] 中提出信息熵的概念，将随机变量 X 的熵的值 H 定义为，

$$H(X) = E[I(X)] = E[-\log P(X)]$$

其中，E 表示期望，$I(X)$ 为关于随机变量 X 的信息量，$P(X)$ 为 X 的概率质量函数（Probability Mass Function），$I(X)$ 等于 $P(X)$ 取负对数后的值。根据离散随机变量期望的计算公式，上式可以整理为，

$$H(X) = \sum_{i=1}^{n} P(x_i) I(x_i) = -\sum_{i=1}^{n} P(x_i) \log P(x_i)$$

信息熵的值的大小表现的是随机变量 X 所服从的概率分布的均匀性，分布越均匀，熵越大；分布越不均匀，熵越小，最小值为 0。在词语迁移的情境下，每个词可以表示为关于主题的一组概率分布，根据词项—主题概率分布计算的信息熵表达的是词语在各个主题中分布的均匀性。本研究抽取五个全局主题，词语在五个主题中分布的越均匀（如 {0.2, 0.2, 0.2, 0.2, 0.2}），熵越高；词语在主题中分布得越集中（如 {0, 1, 0, 0, 0}），熵越低。词项—主题分布的熵的值表现的是词语迁移程度的高低，当词语仅稳定在一个主题当中，而不向其他主题迁移时，词项—主题概率分布为五个分量中只有一个的值为 1，其余为 0，此时熵等于 0。

三　结果分析

如上节中的研究方法所述，词语迁移的程度可以通过计算词语—主题概率分布的熵的值来衡量。图 6 - 2 给出了各主题下高概率词语的熵值变化曲线。根据词语的熵值曲线，可以区分不同程度的词语迁移活动：经常稳定在一个主题当中的词语对应较低的熵值，迁

---

① Shannon C. E. , "A Mathematical Theory of Communication", *Bell System Technical Journal*, Vol. 27, No. 3, 1948, pp. 379 - 423.

移活动频繁的词语对应较高的熵值。此外，观察熵值曲线的变化趋势，分别有上升、下降、平稳和波动四种情况。这些熵值曲线的变化与前文所阐述的词语迁移类型（无迁移、双主题迁移、多主题迁移）和词语迁移的稳定性（发散式和收敛式）均具有对应和共生的相关关系。下面予以具体阐述。

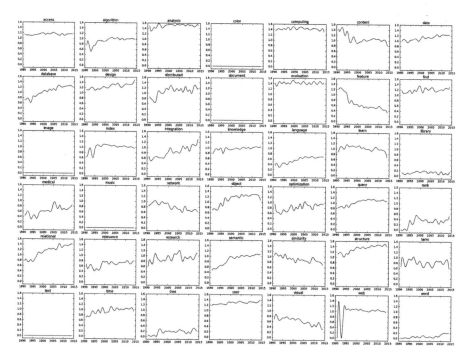

图6-2　词语在迁移过程中熵的变化

　　低熵值词语的熵曲线（左列）和迁移曲线（右列）如图6-3所示，这些词语只长期稳定在一个主题当中，概率分布在所属主题中约等于1，在其他主题中约等于0，因此对应的熵也约等于0。

　　高熵值词语的熵曲线（左列）和迁移曲线（右列）如图6-4所示，这些词语迁移活动频繁，在各个主题中的概率分布较为均匀，因此对应的熵值也比较高。

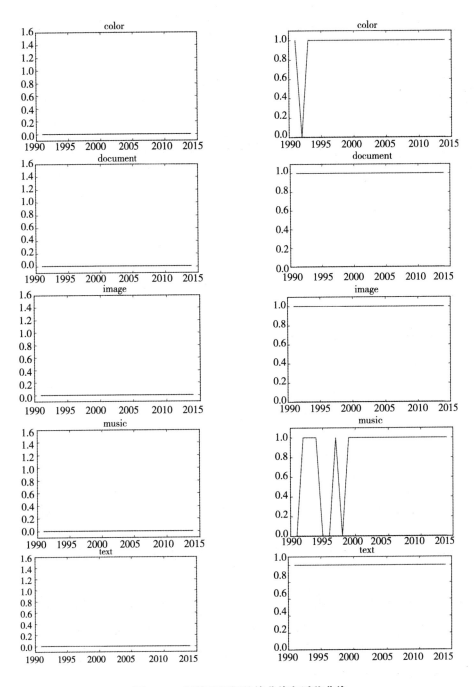

图 6 - 3　低熵值词语的熵曲线和迁移曲线

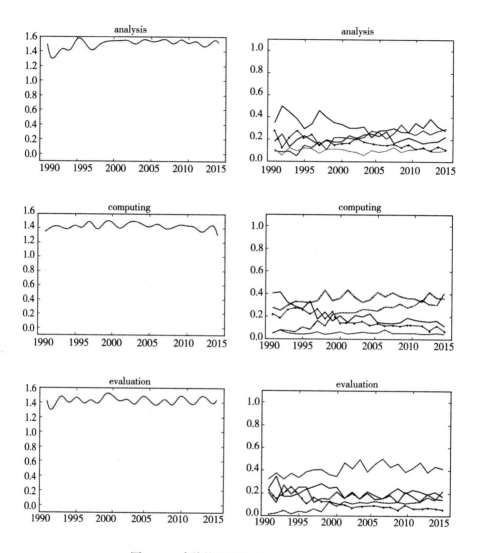

图6-4 高熵值词语的熵曲线和迁移曲线

熵值的高低由词语主题概率分布的均匀程度决定，而熵值的变化趋势（上升或下降）与词语迁移的稳定性有关。通常情况下，收敛式迁移词语的熵呈上升趋势（见图6-5），发散式迁移词语的熵呈下降趋势（见图6-6）。

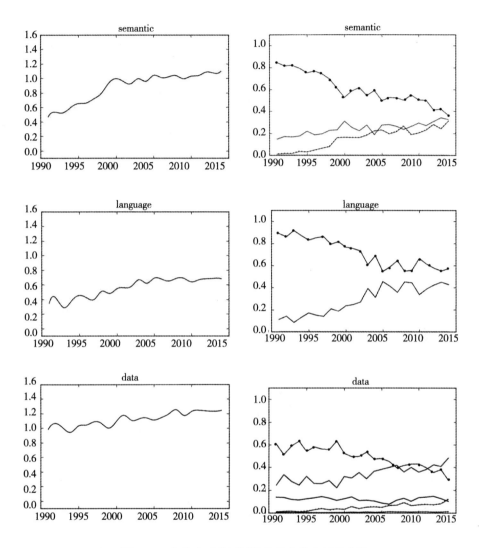

图 6 - 5　收敛式迁移词语的熵值曲线和迁移曲线

　　图 6 - 5 中，data、language 和 semantic 均为收敛式迁移词语，对应的熵曲线均呈上升趋势。但是 data 在四个主题之间迁移，semantic 在三个主题之间迁移，language 在两个主题之间迁移。词语迁移的主题越多，概率在各个主题中分布得越均匀，其熵越高，因此在熵的平均水平上，data 高于 semantic，semantic 高于 language。词语迁移

的熵由低升高，表示这个词语在更多的主题中都发展出了相关的应用，受到了更多主题的关注。

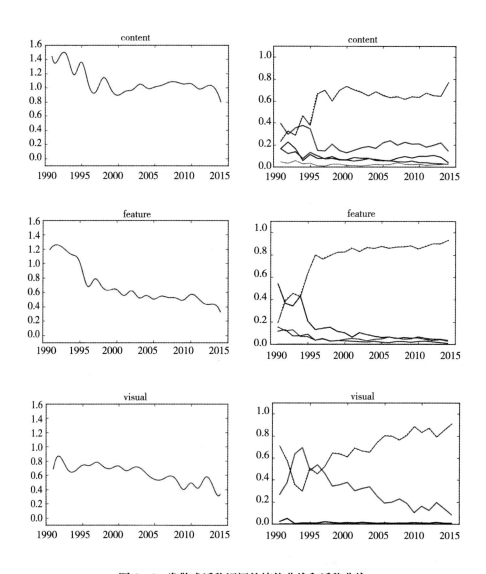

图6-6 发散式迁移词语的熵值曲线和迁移曲线

图6-6中，content、feature 和 visual 均为发散式迁移词语，对应的熵值曲线均呈下降趋势。词语迁移的熵由高降低，表示与这个

词语相关的应用集中到了某一个主题当中，与这个词语相关的概念、理论和应用具有了特定的主题背景。

第二节　相似性规律

在科研主题演化过程中，随着科研主题结构和主题内容的发展，词语在各主题中的分布随之发生改变，由此形成了词语迁移现象。当词语处于新的主题背景中时，与其相关的创新和应用也会发生改变，在文本中的具体表现是词语上下文的变化。本节考察词语上下文相似性与词语迁移活动之间的关系，在提出相似性假设的基础上，对词语之间上下文的相似性进行测度，并分析具有相似上下文的词语之间迁移方向的相关关系。

一　相似性假设

本节提出的相似性假设表述为：具有相似上下文的词语具有相似的迁移方向。上下文相似的词语包括两种类型：一是经常共同出现的词语；二是词义相近的词语（但可能不会经常共同出现）。主题演化过程中，词语在不同主题之间迁移时，总是跟这个词语共同出现的词或者该词的近义词可能也会与它发生相同的语境改变，从而在新的主题中指代符合主题背景的新的应用和创新。

二　基于 Word2vec 词嵌入模型的语义相似性探测

本节基于 Word2vec 词嵌入模型对词语上下文的相似性进行测量。如第五章所述，Word2vec 是 Milkolov 带领的 Google 团队于 2013 年开源开发的一个用于获取词向量的工具包，由于 Word2vec 算法简单高效，获取的词向量结果质量高，受到机器学习领域的广泛关注。

Word2vec 的计算原理在第五章第四节第二小节中已给出了详细的说明。本节对于词语上下文相似度的测量，首先通过 Word2vec 模型获得词语对应的词向量，词语之间上下文的相似性可以通过计算 Word2vec 词向量之间的余弦相似性获得。

Word2vec 主要包括 Skip-gram 和 CBOW 两种模型，Skip-gram 模型对于百万级的数据量更为适用，本节采用 CBOW 模型训练词向量。第五章第四节第二小节解释了模型的计算过程，此处仅对本节使用的 CBOW 模型的核心公式进行阐述。

CBOW 模型使用一段文本的中间词作为目标词，使用固定长度上下文各词词向量的平均值表达上下文信息，根据上下文对目标词进行预测。CBOW 模型是一个双层神经网络，没有隐藏层，输入层直接为上下文的表示。记目标词为 w，组成目标词的上下文的所有词的集合为 c，基于上下文 c 预测目标词 w 的函数为：

$$P(w \mid c) = \frac{exp\ (e'(w)^T x)}{\sum_{w' \in V} exp\ (e'(w')^T x)}$$

对于整个语料库，CBOW 模型的优化目标为最大化上式，即：

$$argmax \sum_{(w,c) \in D} \log P(w \mid c)$$

输出层为词典中每一个词语的固定长度的词向量，本书中词向量的维数选取 100 维。

三　结果分析

相似性规律的表述为：具有相似上下文的词语具有相似的迁移方向。本节对这一假设进行验证，通过词向量之间的余弦相似度判断词语上下文的相似性，结合词语对应的迁移曲线，得出词语上下文相似性与迁移方向之间的关系。

上下文相似的词语在语义向量空间的中距离较近，两个词向量之间的余弦相似度越大，在语义向量空间中的距离越近。为方便称呼，我们将通过计算余弦相似度得到的上下文相似的词语称为"邻近词"。本节主要考察每个主题中，概率排名最高的 10 个词语的迁移情况，以及它们的邻近词的迁移情况，将高位词与它们的邻近词的迁移方向进行对比，以验证相似性假设是否成立。

　　针对每一个高位词，我们选取与其余弦相似度最大且词频超过
1000 次的邻近词。设置词频阈值的原因是，低频词不具备充足的共
现信息用于上下文的探测和比较，结果如图 6 - 7 所示。在图 6 - 7
中，每行为一组具有相似上下文的词语，图中展示的是它们的迁移
曲线，左列与右列进行对比。

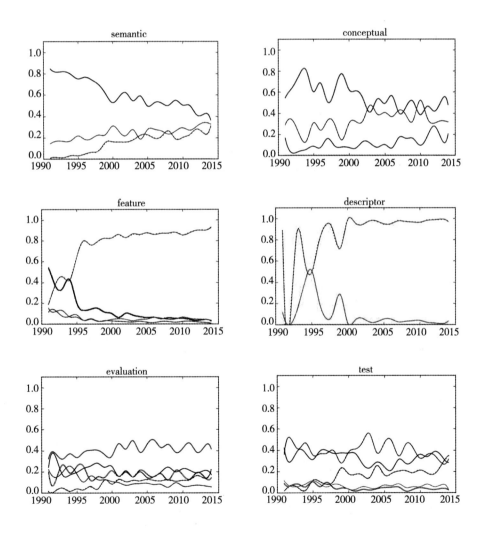

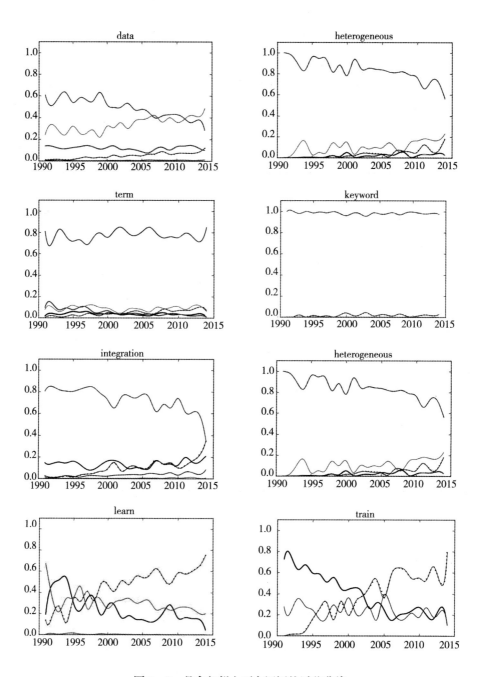

图 6 - 7　具有相似上下文词语的迁移曲线

注：每行为一组上下文相似的词语，行与行之间无关联。

由图 6 - 7 所反映的信息可知，研究结果基本符合相似性规律的假设：即具有相似上下文的词语具有相似的迁移方向。上下文相似的词语多数为近义词，如 learn 和 train，两者在主题 2 图像检索中，均与学习、训练图像数据的内容相关，且具有一致的迁移方向。另一部分上下文相似的词语为经常共现的词语，如 data 和 heterogeneous，根据迁移曲线，两词语主要分布于主题 3 数据库查询中，共同指代异构数据的数据集成问题。

事实上，观察 data 和 heterogeneous 的迁移曲线，两者虽然在上下文的相似度上比较相近，但两者的迁移方向稍有不同。引起这一现象的原因是，一个词语往往与多个词语的上下文都具有较高的相似度，这时词语在迁移方向上，将受到多个词语的影响，因此在一对一的迁移方向上，并不是特别一致。对应到 data 和 heterogeneous 的例子当中，heterogeneous 一词与 data 和 integration 均具有较大的上下文相似度，三个词在主题 3 中共同指代异构数据的数据集成问题，因此在迁移方向上形成互相影响的关系。

第三节　多样性规律

词语的多义性与语义改变之间的关系是近年热点问题，各种相关研究仍处于起步阶段。具有多重词义的词语相较于词义单一的词语，出现在更为多样化的上下文当中，根据分布假说，词义由上下文表示，多义词拥有更多种类的上下文，因此具有更大的可能性随着时间的推移其词义发生变化。本节考察词语上下文的多样性，也即语义的多样性与词语迁移程度之间的关系，提出关于词语迁移的多样性假设，应用局部聚类系数对词语语义的多样性进行定量分析，应用信息熵定量化词语迁移的程度，并讨论词语语义多样性与迁移程度之间的相关关系。

一　多样性假设

本节提出的多样性假设表述为：语义多样性较强的词语具有较高的迁移程度。简化解释，也可以理解为词义较多的词语具有更高的可能性在多个主题当中发生迁移。在主题演化过程中，词语由一个主题迁移到另一个主题中时，上下文往往也会随之改变，以产生适应新的主题背景的理论、方法和应用。在这种情况下，多义词由于其上下文的多样性也较高，相比于单义词具有更大的可能性出现在不同的主题当中。因此本书提出关于词语迁移的多样性假设，词义较多的词语具有更大的迁移概率。词语的多义性程度可以通过词语在共词网络中的局部聚类系数的大小来表示。

二　基于局部聚类系数的语义多样性探测

衡量一个词语的多义性是一个比较困难而且具有争议的问题，即使以官方发表的词典作为依据，不同版本的词典对词语语义数量的分配也各不相同。本书对词语语义的表示从分布假说出发，对词语多义性的定量化表示依然从分布假说入手，根据词语上下文的多样性来衡量词语的多义性。词语上下文多样性指的是，经常出现在各不相同的上下文中的词语，具有较强的多义性。

对词语上下文的表示有多种方法，最直观的方法是根据词语之间的共现情况构建共词网络，词语作为网络节点，每个节点对应一个局部聚类系数（Local Clustering Coefficient）[1]，局部聚类系数的大小就能表示词语上下文的多样性，也就是词语的多义性。局部聚类系数越小，词语的多义性越强；局部聚类系数越大，词语的多义性越弱。

下面对局部聚类系数能够表示词语多义性程度的原理进行解释。

---

[1]　Watts D. J. and Strogatz S. H. , "Collective Dynamics of 'Small-world' Networks", *Nature*, Vol. 393, No. 6684, 1998, pp. 440 – 442.

在图论中，聚类系数描述的是一个图（网络）中节点之间结集成团的程度，具体说来，是一个点的邻接点之间相互连接的程度。局部聚类系数描述的是针对一个给定的目标节点，与目标节点相邻接的点之间相互连接的程度。假设有图记为 G =（V，E），V 表示图 G 的顶点集合，图中的一个顶点 i 记为 v_i，有 $V = \{v_1，v_2，\cdots，v_n\}$。E 表示图 G 的边的集合，e_{ij} 表示连接顶点 v_i 与 v_j 的边，有 $E = \{e_{ij}:v_i，v_j \in V\}$。给定一个目标节点 v_i，与 v_i 直接相连的点称为 v_i 的邻接点，v_i 的所有邻接点组成邻接点集合 N_i，从 v_i 连接出去的边的总数记为 k_i，有局部聚类系数的计算公式如下：

$$C_i = \frac{2|\{e_{jk}:v_j，v_k \in N_i，e_{jk} \in E\}|}{k_i(k_i - 1)}$$

比较好理解的形式如下：

$$C_i = \frac{|\{e_{jk}:v_j，v_k \in N_i，e_{jk} \in E\}|}{\frac{k_i(k_i - 1)}{2}}$$

　　式中分母 k_i（$k_i - 1$）/2 的含义是与 v_i 相邻的节点之间最多可能形成的连边数量，分子的含义是与 v_i 相邻的节点之间实际上具有的连边数量。以图 6-8 进行举例说明，图中共有四个节点，目标节点 v_i 已在图中标出，实线表示 v_i 与其相邻节点之间的连边，虚线表示 v_i 的相邻节点之间的连边，图 6-8 共给出了四种情况。四种情况与 v_i 相邻的节点数完全相同，也就是从 v_i 连接出去的边的总数均等于 3，即 k_i = 3，因此，四种情况的局部聚类系数的分母均为 k_i（$k_i - 1$）/2 = 3×2/2 = 3，其实际意义是：当有三个点与 v_i 相邻接时，邻接点相互之间最多可以形成三条连边。在左上图的第一种情况中，与 v_i 相邻的三个节点之间有三条连边，即分子为 3，局部聚类系数为 3/3 = 1；右上图为第二种情况，邻接点之间有两条连边，局部聚类系数为 2/3；左下图中的邻接点之间只有一条连边，局部聚类系数为 1/3；右下图中的邻接点之间互不相连，即分子等于 0，局部聚类系数为 0。

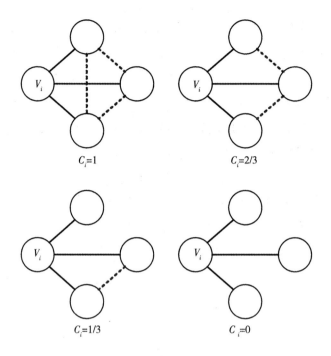

图 6-8　局部聚类系数计算图示

局部聚类系数的取值范围为 0 到 1，完全图的局部聚类系数为 1，星形图的局部聚类系数为 0。局部聚类系数越小，说明目标节点的邻接点互相连接的程度越低；局部聚类系数越大，说明目标节点的邻接点互相连接的程度越高。将局部聚类系数的计算原理对应到共词网络中，给定一个目标词，如果它具有很高的局部聚类系数，说明经常与目标词共现的词语之间也经常共同出现。换言之，目标词总是与相同的一组词语共同出现，或者说目标词总是处于相同的上下文当中。由此可知，局部聚类系数越高，目标词的上下文多样性越低，也就是目标词的多义性越弱。反之，局部聚类系数越低，目标词经常处于各不相同的上下文当中，其上下文多样性越高，也就是目标词的多义性越强。

由局部聚类系数的计算公式可知，节点之间连边的权重是被忽略的，如果词 A 与词 B 共现 100 次，而与词 C 共现 1 次，两种情况都会判定 A 和 B 以及 A 和 C 之间具有连接关系，而不区分连边的权重是 100 还是 1。在实际情况中，由于复杂网络具有小世界性①，如果根据目标词完整的个体网计算局部聚类系数，那么每个词对应的局部聚类系数都会很高，不具有区分词语多义性的效果。本书应用的方法是只选取与目标词连接权重最高的 K 个词作为邻接词，即根据目标词的 K 最近邻网络计算目标词的局部聚类系数。

局部聚类系数的计算首先需要构建词与词之间的关系矩阵，如前所述基于词语共现关系构建共词矩阵是方法之一。然而基于共词关系的词表示方法是一种低维稀疏的词语表示，对词语语义的反应效果较差②。本节继续使用 Word2vec 训练的词向量对词语进行表示，基于词向量之间的距离构建词语相似性矩阵，依据词语相似性矩阵计算局部聚类系数。构建过程如下。

Word2vec 对应每一个词生成的词向量如表 6 - 1 所示，本书对词向量维数的选择遵循默认值 100 维，即每一个词向量由 100 个实数分量组成。

表 6 - 1　　　　　　　　　**Word2vec 生成的词向量示例**

词语编号	词语	词向量（100 维）
22	language	(- 0.125304, - 1.079290, - 0.331123, 1.336273, - 0.707640, -0.152859, …, 2.775721, - 0.365809, 0.984967, - 1.643563, -1.933721, - 1.413613)
26	semantic	(0.093967, - 0.427691, - 0.187399, 0.833034, 0.164525, - 2.456642, …, 0.158480, 0.129852, 1.268236, 0.195268, - 1.928643, - 1.651856)
136	library	(0.584365, 0.251534, 1.182349, - 0.259224, 0.449729, 0.486909, …, 2.757397, 0.471796, 0.960717, 0.633894, - 0.225463, 0.046220)

---

①　Watts D. J. and Strogatz S. H., "Collective Dynamics of 'Small-world' Networks", *Nature*, Vol. 393, No. 6684, 1998, pp. 440 - 442.

②　Hamilton W. L., Leskovec J. and Jurafsky D., "Diachronic Word Embeddings Reveal Statistical Laws of Semantic Change", *arXiv Preprint arXiv*：1605.09096, 2016.

词向量之间相似度是所要构建的词语矩阵中的元素，根据词向量在向量空间中的欧几里得距离（Euclidean Distance）计算，两个向量 $x = (x_1, \cdots, x_n)$ 和 $y = (y_1, \cdots, y_n)$ 的欧几里得距离计算公式如下：

$$d_{xy} = \sqrt{(x_i - y_i)^2}$$

假设有 A、B、C 三个词，分别对应长度为 2 的三个词向量（也就是二维平面或者说直角坐标系中的坐标），如表 6 - 2（1）所示。两两计算表 6 - 2（1）中词向量之间的欧几里得距离，得到表 6 - 2（2），即关于 A、B、C 三个词的相似性矩阵。表 6 - 2（2）中的矩阵元素是对应行和列中词语之间的欧几里得距离，以表 6 - 2（2）第一行第二列为例，数值 1 的含义是词 A 和词 B 的距离等于 1，计算过程是将表 6 - 2（1）中 A 的向量（1，2）和 B 的向量（2，2）代入欧几里得距离计算公式，有 $d_{AB} = \sqrt{(2 - 1)^2 + (2 - 2)^2} = 1$。因为 A 与 B 之间的距离等于 B 与 A 之间的距离，词语相似性矩阵一定是对称阵。

表 6 - 2　　　根据词向量之间的欧几里得距离构建词语相似性矩阵

词	向量分量 1	向量分量 2
A	1	2
B	2	2
C	4	2

（1）

⇩

词	A	B	C
A	0	1	3
B	1	0	2
C	3	2	0

（2）

按照表 6 - 2 中由词向量构建词语相似性矩阵的步骤，基于 Word2vec 训练得到的 100 维词向量构建词汇表中所有词语的相似性矩阵。对每一行中的每个词，只保留与其相似度最高的 K 个词语，其余的相似性矩阵元素均置为 0，形成基于词语相似度矩阵的 K 最近邻网络。过程如表 6-3 所示。表 6-3 中 K 取值为 1，即只保留与每行对应的词语相似度最大（欧几里得距离最小）的词的元素值，将该行其他元素置为 0。由表 6-3（2）可知，K 最近邻网络的对应矩阵是非对称阵，转化过程将词语相似性矩阵对应的无向图转化为了 K 最近邻网络对应的有向图。对于 K 的取值，既不能太大也不能太小，考虑极端情况 K = 0 和 K = 词汇表长度：当 K = 0 时，每个点都是孤立点，完全破坏了网络结构；K = 词汇表长度，也就是保留完整的词语相似性矩阵，不讲任何一个矩阵元素置为 0，根据欧几里得距离计算公式，两个词向量之间的距离恒为正，这时如果 K 等于词汇表长度，那么每个词都与其他所有词相邻接，如此计算的局部聚类系数均等于 1，完全不具有区分度。本书试验了 5—100 之间几组不同的 K 的取值，根据生成的 K 最近邻网络对原网络结构的保持和对局部聚类系数的区分程度的平衡性，选取 K = 50 构建 K 最近邻网络。

表 6-3　　　　　**根据词语相似性矩阵构建 K 最近邻网络**

词	A	B	C
A	0	1	3
B	1	0	2
C	3	2	0

(1)

⇩

词	A	B	C
A	0	1	0
B	1	0	0
C	0	2	0

下一步是依据 K 最近邻网络，分别将每个词作为目标词计算局部聚类系数，因为 K 最近邻网络为有向图，根据局部聚类系数的计

算公式，涉及有向图的计算时只考虑目标词的出度以及出度对应的边所连接的邻接点。最终得到的结果是，每个词对应一个局部聚类系数，局部聚类系数越高，目标词与同一组上下文的"抱团"程度越高，上下文多样性越低，目标词的语义越单一；局部聚类系数越低，目标词越是经常处于各不相同的上下文中，上下文多样性越低，目标词的多义性越强。

三　结果分析

根据上节研究方法所述，本节使用局部聚类系数测量词语的多义性，使用熵曲线表示词语迁移的程度高低。所要验证的多样性假设为：多义词具有更高的可能性发生迁移。使用局部聚类系数和熵曲线表示词语的多义性和迁移程度时，多样性规律隐含的含义是：局部聚类系数较高的词语，熵值偏向于较低；局部聚类系数较低的词语，熵值偏向于较高。如果一个词语的局部聚类系数很高，说明这个词语的"邻居"之间也互为邻居的比例很高，也就是说，这个词语所处于的上下文比较稳定，经常与相同的其他词语共同出现。如果一个词语的局部聚类系数很低，说明这个词语的邻居很不固定，该词所处的上下文经常改变，经常与不同的词语组合共同出现。熵值低的词语偏向于不迁移而稳定在一个主题当中，熵值越高的词语在各个主题中的概率分布越均匀，迁移活动越频繁。各主题下概率排名前十的词语对应的局部聚类系数如表6-4所示。

表6-4　**各主题下高概率词语对应的局部聚类系数（降序排列）**

Clustering coefficient	Word	Clustering coefficient	Word	Clustering coefficient	Word
0.56316	color	0.26316	image	0.20526	distributed
0.47895	word	0.25789	library	0.20000	document
0.41053	time	0.25263	research	0.18947	algorithm
0.35263	music	0.25263	content	0.17895	rank

续表

Clustering coefficient	Word	Clustering coefficient	Word	Clustering coefficient	Word
0.34211	term	0.24737	learn	0.17895	query
0.33684	semantic	0.24737	access	0.17895	object
0.33158	language	0.23684	network	0.17895	knowledge
0.30526	visual	0.23684	design	0.17368	user
0.30526	optimization	0.22632	index	0.16842	similarity
0.28947	tree	0.21905	relational	0.15789	relevance
0.28421	integration	0.21579	feature	0.14737	evaluation
0.27895	text	0.21579	database	0.14211	computing
0.27895	medical	0.21579	data	0.13684	structure
0.26316	web	0.21429	find	0.11053	analysis

　　以局部聚类系数最高的 color 和局部聚类系数最低的 analysis 为例，说明词语语义多样性与词语迁移程度之间的关系（图 6-9）。

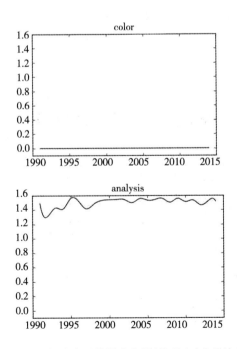

图 6-9　局部聚类系数最高和最低词语对应的熵曲线

图 6-9 中，局部聚类系数最高的词语 color 的熵曲线位置很低，其历时熵值基本为零；相对地，局部聚类系数最低的词语 analysis 则对应着较高的历时熵值。结合两词语在主题中的迁移情况，color 是主题 2 图像检索的核心词语，属于无迁移类型，color 经常与图像检索相关的词语如 image、feature 等共同出现，上下文比较稳定，词语语义较为单一，因此具有较高的局部聚类系数；从反映词语迁移程度的熵值来看，color 具有很低的迁移倾向。analysis 属于多主题迁移词语，在多个主题中均有较高的分布概率，其迁移曲线也比较混杂，上下文经常变动，因此具有较低的局部聚类系数；从其迁移曲线的熵值来看，具有很高的迁移倾向。

综合局部聚类系数所代表的词语语义多样性与由信息熵表示的词语迁移程度的对应关系，多样性假设基本得到了验证。词语语义多样性较强的词语（如 analysis），经常处于变动的上下文当中，具有较低的局部聚类系数和较高的熵值，倾向于在各个主题之间发生迁移；词语语义比较单一的词语（如 color），经常处于相同的上下文当中，具有较高的局部聚类系数和较低的熵值，倾向于稳定在同一主题当中而不发生迁移。

第四节　凝聚性规律

与多样性相对的是词语的凝聚性。一种语言或者一个文本集合当中，使用频率越高的词语，其语义发生变化的可能性越小[1]，即词频与语义变化概率的大小可能越具有负相关的关系。

一　凝聚性假设
本节提出的凝聚性假设表述为：主题中的重要词语具有较低的

---

[1] Hamilton W. L., Leskovec J. and Jurafsky D., "Diachronic Eord Embeddings Reveal Statistical Laws of Semantic Change", *arXiv Preprint arXiv*：1605. 09096, 2016.

迁移程度。对应到主题演化过程中的词语迁移情况，我们假设越是被某一个主题频繁使用，但在其他主题中不常被使用的词语，其发生迁移的可能性越小。也就是说，对一个主题来说重要的词语（但对其他主题而言并没有同等的重要性）倾向于稳定在这个主题当中而不发生迁移。计算一个词语相对于一个主题的重要程度，可以通过计算这个词语在这个主题当中的 Tf-idf 值来表示。

二　基于 Tf-idf 的词语重要性探测

判断一个词语在一个主题当中的重要程度，需要衡量两方面的特征：其一，这个词语在这个主题当中经常被使用，也就是一个主题的高频词或者说核心词；其二，这个词语不是如"的""地""得"这样的通用词，这类词虽然在目标主题中经常出现，词频很高，但在其他主题中也具有很高的词频。对应这两个方面的特征，计算词语在主题中的 Tf-idf 值可以较好地探测一个主题的重要词语。一个较高的 Tf-idf 能够在很大程度上使这个词语在目标主题中经常出现，但在其他主题中很少出现。

Tf-idf（Term frequency-inverse document frequency）是信息检索和数据挖掘领域一种常用的词语加权技术。Tf（Term frequency）即词频，指的是某个词在一篇文档中出现的频率。Idf（Inverse document frequency）即逆向文档频率，它是文档频率的倒数，文档频率指的是包含这个词的文档数占总文档数的比率，对于某个词 i 在文档 j 中的 Tf 和 Idf 值的计算公式如下：

$$tf_{i,j} = \frac{n_{i,j}}{\sum_k n_{k,j}}$$

$$idf_i = \log \frac{|D|}{|\{j : t_i \in d_j\}|}$$

在 tf 值的计算公式中，$n_{i,j}$ 表示词语 i 在文档 j 当中出现的次数；$n_{k,j}$ 表示词语 k 在文档 j 当中出现的次数，分母的加和结果表示这篇文档的总词数；分子分母相除即目标词在目标文档中出现的频率。

如果一个词在一篇文档中出现了 2 次，这篇文档共有 10 个词，则这个词在这篇文档中的 tf 值等于 0.2。使用频率 0.2 而不直接使用原始的频次 2 次，是出于对文档长度的归一化考虑，避免一般情况下，长文档中词语出现的频次会随之升高的偏差。

在 idf 的计算公式中，| D | 表示语料库中所包含的文档总数，t_i 表示目标词 i，d_j 表示文档 j，分母的含义是包含目标词 i 的文档数占总文档数的比例，取倒数后再取对数。如果一个语料库中共有 4 篇文章，其中有 2 篇文章包含要考察的目标词，那么对于这个目标词的逆向文档频率等于 log（4/2）＝log2。

Tf-idf 值是 Tf 值和 Idf 值的乘积。Tf 值越高，这个词在目标文档中出现的频率越高；Idf 值越高，包含这个词的其他文档的比例越小。一个词如果在一篇文档中高频出现，且包含这个词的其他文档的比例很小，那么这个词对于这篇文档来说是非常具有区分度和代表性的，是这篇文档的重要词语或者说关键词，此时这个词对应的 Tf-idf 值也会较高。

计算目标词在一个主题当中的 Tf-idf 值方法与计算目标词在文档中的 Tf-idf 值类似，idf 值依然为逆向文档频率，即包含目标词的文档占总文档数的比例取倒数再取对数。在主题当中目标词的 tf 值的计算方法要相对复杂一些。我们由 LDA 模型抽取出了五个主题，每个主题均表示为等同于字典长度的词项概率分布，每个词在各个主题中都有一定的概率分布，将词语只划分给一个固定的主题并计算它在这个主题中出现的频率是不恰当的。此时，词语在主题中的 tf 值，可以使用 LDA 结果中的文档—主题概率分布作为媒介来计算。

下面详述本书对词语在主题中的 tf 值的计算方法。如表 6 - 5 所示，假设语料库中共有 10 篇文档，每篇文档在 5 个主题当中的概率分布如表中数值所示，第一行第一列 0.30 的数值含义是，编号为 1 的文档由 30% 的内容属于主题 1。对每个主题下的文档概率进行降序排列得到表 6 - 6，取每个主题下排名靠前的 n 篇文档作

表6-5　　　　　　　　　　　文档—主题概率分布

doc id	topic 1	topic 2	topic 3	topic 4	topic 5
1	0.30	0.00	0.40	0.00	0.30
2	0.00	0.79	0.00	0.20	0.00
3	0.00	0.82	0.00	0.18	0.00
4	0.00	0.99	0.00	0.00	0.00
5	0.00	0.26	0.15	0.25	0.34
6	0.00	0.00	0.00	0.90	0.09
7	0.03	0.56	0.00	0.00	0.41
8	0.02	0.59	0.20	0.00	0.20
9	0.00	0.49	0.00	0.48	0.02
10	0.00	0.08	0.00	0.89	0.03

表6-6　　　　　　　　　　　主题—文档概率降序排列

doc id	topic 1	doc id	topic 2	doc id	topic 3	doc id	topic 4	doc id	topic 5
1	0.30	4	0.99	1	0.40	6	0.90	7	0.41
7	0.03	3	0.82	8	0.20	10	0.89	5	0.34
8	0.02	2	0.79	5	0.15	9	0.48	1	0.30
2	0.00	8	0.59	2	0.00	5	0.25	8	0.20
5	0.00	7	0.56	3	0.00	2	0.20	6	0.09
6	0.00	9	0.49	4	0.00	3	0.18	10	0.03
4	0.00	5	0.26	3	0.00	4	0.00	9	0.02
3	0.00	10	0.08	7	0.00	8	0.00	2	0.00
9	0.00	6	0.00	10	0.00	7	0.00	4	0.00
10	0.00	1	0.00	9	0.00	1	0.00	3	0.00

为该主题下的文档集合，用于计算每个主题下的各个词语的 tf 值。n 取值考虑如下，假设语料库的文档总数为 N，在本例中 N = 10，全局主题数为 K，在本例中 K = 5，从平均水平出发，每个主题应分得 N/K 篇文档，即 n = N/K。在本例中，n = 10/5 = 2，也就是在降序排列后，每个主题取排名最高的两篇文档作为该主题下的文档集合。对应表 6 - 6 数据，主题 1 分得文档 1 和文档 7，主题 2 分得文档 4 和文档 3，主题 3 分得文档 1 和文档 8，主题 4 分得文档 6 和文档 10，主题 5 分得文档 7 和文档 5。这种分配方法的优点是，保留了一篇文档可以属于不同主题的特征，也就是保留了一个词语在它主要出现的主题中均可以保留它所具有的概率分布，同时又能得到对应各个主题的不同的文档集合，用于计算目标词在这些文档集合中的 tf 值。

得到对应不同主题的文档集合后，tf 值的计算就比较简单明了了。仍以上述 10 篇文档组成的语料库为例，假设我们要计算 document 这个词在主题 5 中的 tf 值。属于主题 5 的文档有文档 7 和文档 5，获取 document 在这两篇文档中出现的频率即为 document 在主题 5 中的 tf 值。假设文档 7 和文档 5 加起来的总词数为 6，document 在这两篇文档中总共出现了 3 次，那么 document 在主题 5 中的 tf 值为 3/6 = 0.5。在计算 idf 值时，将主题 5 下属的所有文档作为一篇文档参与运算，其他主题中的文档保持原样，这样做是因为在计算 tf 值时相当于把主题 5 下的所有文档加起来看作了一篇文档，idf 的计算也应保持一致。这样计算出来的 idf 如果很高的话，说明 document 基本只在主题 5 下的文档中出现，而很少在其他主题下的文档中出现。

三 结果分析

图 6 - 10 给出了信息检索领域五个主题中，每个主题下 Tf-idf 值最高的两个词语对应的熵曲线。

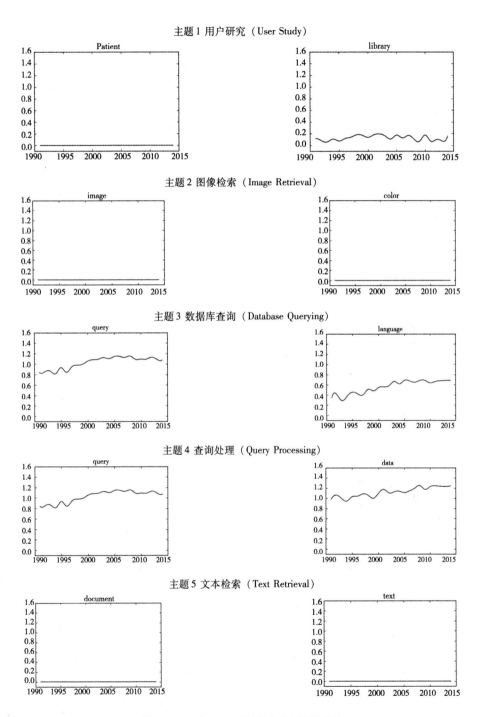

图 6 - 10　高 Tf-idf 值词语对应的熵曲线

总体来看，主题中的重要词语（Tf-idf 值高）的熵曲线普遍处于较低的位置，倾向于不迁移。主题 3 数据库查询和主题 4 查询处理的凝聚性规律不是很明显，这与两主题的研究范畴和主题演化过程中两个主题之间的知识交流情况有关。根据第四章第二节节中的演化动态分析，主题 4 的形成受到主题 3 的影响，主题 3 的研究范畴是以数据库为主要对象的传统查询处理，主题 4 的研究范畴是以空间和通信网络为主要对象的分布式查询处理，侧重算法复杂度和时间成本的优化。两主题在演化过程中的知识交流较多，共享一部分的重要词语，如 query 等词。因此，两主题中的重要词语的熵曲线比其他主题的重要词语稍高。

另外值得注意的是，本节的凝聚性规律与上节的多样性规律存在一种相互制衡的关系。具体说来，单纯看多样性规律，词语的语义越单一，越容易稳定在一个主题中，此时将凝聚性规律也加入考虑，语义单一的词语可能对多个主题都很重要，或者说虽然这个词语总是与相同的上下文共同出现，但常常被多个主题同时使用，那么也会造成词语在多个主题中形成迁移。

第五节　本章小结

第五章对词语迁移现象进行了探讨，分析了词语迁移的类型、稳定性和语义变化，本章在此基础上继续深入分析词语迁移过程中所具有的一般性规律。

提出了关于词语迁移的三个假设，分别为：相似性假设、多样性假设和凝聚性假设；分别对应相似性规律、多样性规律和凝聚性规律。由于多样性规律和凝聚性规律涉及词语属性以及词语与主题的关系对词语迁移程度的影响，本章首先根据信息熵理论，对词语迁移的程度进行了定量化表示，以方便本章后续小节对词语迁移规律的验证。

　　相似性假设的表述为：具有相似上下文的词语具有相似的迁移方向。相似性规律考察的是词语上下文的相似性与词语迁移方向之间的关系。词语上下文的相似性由其对应词向量的余弦相似性表示，迁移方向通过上章计算得到的词语历时主题概率分布曲线表示。

　　多样性假设的表述为：语义多样性较强的词语具有较高的迁移程度。可以理解为，词义较多的词语具有更高的可能性在多个主题中发生迁移。词语多义性的测量通过词语由词向量构成的 K 最近邻网络中的局部聚类系数表示。多义性越强的词语，越倾向于出现在不同的上下文当中，对应的局部聚类系数越低；语义越单一的词语，越倾向于稳定在相同的上下文当中，对应的局部聚类系数越高。

　　凝聚性假设的表述为：主题中的重要词语具有较低的迁移程度。测度目标词语对于一个主题的重要性，可以通过计算词语在主题中的 Tf-idf 值得到。在一个主题中，Tf-idf 值越高的词语，越频繁地被这个主题使用，且在其他主题中不常被使用，因此 Tf-idf 值高的词语在对应主题中较为独特，可以判定为该主题的重要词语。

　　研究结果表明，信息检索领域各主题下高概率词语的迁移活动基本符合本章提出假设的三个规律。相似性规律方面，上下文相似的词语主要包括近义词和共现词组两种类型，这类词语通常具有相似的迁移方向，但当多个词语互相之间经常共现时，这些词语之间的语义会相互影响，使得在迁移过程中形成不一致的方向。多样性规律与凝聚性规律存在一种相互制衡的关系。单纯考虑多样性规律时，词语的语义越单一，越容易稳定在一个主题中，此时将凝聚性规律也加入考虑，语义单一的词语可能对多个主题都很重要，或者说虽然这个词语总是与相同的上下文共同出现，但常常被多个主题同时使用，那么也会造成词语在多个主题中形成迁移。

第 七 章

总结与展望

第一节　研究结论

本书基于信息检索领域学术文献数据，对科研主题演化过程中的词语迁移问题进行了分析研究，得到以下结论。

第一，信息检索领域五个重要主题的发展演化，总体上遵循从调整期到成熟期的发展阶段过渡过程。部分主题在发展成熟后，可能重新进入调整期，在经历新知识的引入和主题内容重组后，达到一个新的发展成熟期。由主题分化融合活动反映的主题知识交流，既在主题自身内部发生，也在主题之间形成。领域内率先发展成熟的主题在后续发展独立的主题的形成阶段会产生知识输出，相对地，后续发展独立的主题也会反馈本主题创新的技术和方法向其他主题形成知识流动。部分主题由于研究范畴在本领域的独特性和自身研究内容的凝聚性较高，与其他主题之间的知识交流较少，从而形成一条较为封闭的主题发展路径。

第二，科研主题演化实质上是主题下具有语义功能的词语发生的变化。理解科研主题中的核心词语在不同时期发生的变化是对科研主题演化进行深入内容分析的关键。本书将科研主题演化过程中，相同词语在不同主题中出现的现象定义为词语迁移。词语迁移现象关注词语语义的变化，在科研主题演化的过程中，实际上对应的是与词语关联的创新和应用的变化。词语迁移活动可分为无迁移、双主题迁移和多主题迁移三种类型。当主题中的多个词语均表现出向其他主题迁移的趋势时，表示与这个主题相关的研究问题在本领域的热度下降，主题整体处于收缩和衰退的过程当中。在词语迁移的稳定性方面主要关注了收敛型迁移词语和发散型迁移词语。词语的发散式迁移过程反映的是词语语义由主题普遍性向主题特异性发展的过程，与之相对，词语的收敛式迁移通常反映与词语相联系的研究和应用在多个主题当中均获得了关注，成为领域的热点研究问题。

第三，通过考察包括词语上下文相似性、语义多样性和在主题中的重要性与词语迁移方向和迁移程度的关系，本书提出关于词语迁移活动的三个一般性规律。其一为相似性规律：具有相似上下文的词语具有相似的迁移方向；其二为多样性规律：语义多样性较高的词语具有较高的迁移程度；其三为凝聚性规律：主题中的重要词语具有较低的迁移程度。研究表明，信息检索领域各主题下高概率词语的迁移活动验证了关于词语迁移的三个规律。相似性规律方面，上下文相似的词语主要包括近义词和共现词组两种类型，这类词语通常具有相似的迁移方向，但当多个词语互相之间经常共现时，这些词语之间的语义会相互影响，使得在迁移过程中形成不一致的方向。多样性规律与凝聚性规律存在一种相互制衡的关系。单纯考虑多样性规律时，词语的语义越单一，越容易稳定在一个主题中，此时将凝聚性规律也加入考虑，语义单一的词语可能对多个主题都很重要，或者说虽然这个词语总是与相同的上下文共同出现，但常常被多个主题同时使用，那么也会使得词语在多个主题中形成迁移。

第二节 研究不足与展望

本研究在主题演化分析和词语迁移分析方面存在以下不足：主

题演化分析中，主题在时间轴上的分化融合过程由不同时期的局域主题之间的知识流动情况反映。这里使用的不同时期的划分规则是人为设定的时间窗口，时间窗口的改变可能会导致主题演化的结构也随之发生改变。但经过敏感性测试，从本书研究的数据量和对演化分析精细度的要求来看，以五年作为时间窗口的长度是较为合适的一个划分，少于五年的时间窗口将使得每个时期包含的文本数据量不足以进行可靠的主题抽取，而将时间窗口长度继续放宽则会使抽取出的演化结构变得粗略，各科研主题将呈现出十分封闭的演化路径。

在对词语迁移现象和规律进行分析时，主要考察的是各主题下高概率词语的迁移情况。对应到每一个主题当中，本书重点分析了每个主题下概率最高的 10 个词语的迁移情况。虽然高概率词语属于各主题下最具有主题研究范畴代表性的词语，但仍然未对字典中的其他词语进行考察。鉴于词语迁移现象以单个词语为考察对象，对于大规模的词语迁移情况的考察在本研究中目前还无法实现。但需要注意的是，主题中的低概率词语往往缺少充足的文本共现信息，因此并不适合作为内容分析的对象，其文本信息的欠缺会对研究结果造成较大的误差。

针对已有主题演化研究，词语语义变迁和本书完成的研究进展，未来的研究可以进一步将作者的因素加入考虑，考察科研作者在科研主题演化过程中对词语所代表的应用和创新的传播作用。

参考文献

［奥］波普尔：《客观知识》，舒炜光等译，上海译文出版社 1987 年版。

陈悦、陈超美、胡志刚等：《引文空间分析原理与应用：CiteSpace 实用指南》，科学出版社 2014 年版。

马费成、望俊成、张于涛：《国内生命周期理论研究知识图谱绘制》，《情报科学》2010 年第 28 卷第 3 期。

宋歌：《学术创新的扩散过程研究》，《中国图书馆学报》2015 年第 1 期。

王双成：《贝叶斯网络学习、推理与应用》，立信会计出版社 2010 年版。

文庭孝、罗贤春、刘晓英等：《知识单元研究述评》，《中国图书馆学报》2011 年第 37 卷第 5 期。

叶春蕾、冷伏海：《基于共词分析的学科主题演化方法改进研究》，《情报理论与实践》2012 年第 35 卷第 3 期。

张晗、崔雷：《生物信息学的共词分析研究》，《情报学报》2003 年第 22 卷第 5 期。

张勤、马费成：《国内知识管理领域知识交流结构研究——基于核心作者互引网络的分析》，《情报学报》2012 年第 31 卷第 9 期。

郑彦宁、许晓阳、刘志辉：《基于关键词共现的研究前沿识别方法研究》，《图书情报工作》2016 年第 60 卷第 4 期。

Al Sumait L．，Barbará D．and Domeniconi C．，"On-line Lda：Adaptive

Topic Models for Mining Text Streams with Applications to Topic Detection and Tracking", 8*th IEEE International Conference on Data Mining*, IEEE, 2008.

Amoualian H. , Clausel M. and Gaussier E. , et al. , "Streaming-LDA: A Copula-based Approach to Modeling Topic Dependencies in Document Streams", *Proceedings of the 22nd ACM SIGKDD International Conference on Knowledge Discovery and Data Mining*, New York, NY, USA: ACM, 2016.

Avramescu A. , "Coherent Informational Energy and Entropy", *Journal of Documentation*, Vol. 36, No. 4, 1980.

Bass F. M. , "A New Product Growth for Model Consumer Durables", *Management Science*, Vol. 15, No. 5, 1969.

Bastian M. , Heymann S. and Jacomy M. , "Gephi: An Open source Software for Exploring and Manipulating Networks", Third International AAAI Conference on Weblogs and Social Media, San Jose, California, May 17 – 20, 2009.

Becher T. and Trowler P. , *Academic Tribes and Territories: Intellectual Enquiry and the Culture of Disciplines*, UK: McGraw-Hill Education, 2001.

Beckmann M. J. , "Economic Models of Knowledge Networks", *Networks in Action*, Berlin: Springer-Verlag, 1995.

Bettencourt L. M. A. and Cintrón-Arias A. and Kaiser D. I. , et al. , "The Power of a Good Idea: Quantitative Modeling of the Spread of Ideas from Epidemiological Models", *Physica A: Statistical Mechanics and Its Applications*, Vol. 364, 2006.

Bishop C. M. , *Pattern Recognition and Machine Learning*, Secaucus, NJ, USA: Springer-Verlag New York, 2006.

Blei D. M. , Ng A. Y. and Jordan M. I. , "Latent Dirichlet Allocation", *Journal of Machine Learning Research*, Vol. 3, Jan. 2003.

Blei D. M. and Lafferty J. D. , "Dynamic Topic Models", *Proceedings of the 23rd International Conference on Machine Learning*, ACM, 2006.

Blei D. M. and Lafferty J. D. , "Topic Models", in Ashok N. Srivastava and Mehran Sahami, eds. *Text Mining*, NY: Chapman and Hall/CRC, 2009.

Blei D. M. , "Probabilistic Topic Models", *Communications of the ACM*, Vol. 55, No. 4, 2012.

Borgatti S. P. , Everett M. G. and Johnson J. C. , *Analyzing Social Networks*, SAGE Publications Limited Press, 2013.

Börner K. , Chen C. and Boyack K. W. , "Visualizing Knowledge Domains", *Annual Review of Information Science and Technology*, Vol. 37, No. 1, 2003.

Brookes B. C. , "The Foundations of Information Science (Part IV)", *Journal of Information Science*, No. 3, 1981.

Bruckner E. , Ebeling W. and Scharnhorst A. , "The Application of Evolution Models in Scientometrics", *Scientometrics*, Vol. 18, No. 1 – 2, 1990.

Callon M. , Courtial J. P. and Turner W. A. , et al. , "From Translations to Problematic Networks: An Introduction to co-word Analysis", *Social Science Information*, Vol. 22, No. 2, 1983.

Cassi L. , Corrocher N. and Malerba F. , et al. , "The Impact of EU-funded Research Networks on Knowledge Diffusion at the Regional Level", *Research Evaluation*, Vol. 17, No. 4, 2008.

Chang J. , Gerrish S. and Wang C. , et al. , "Reading Tea Leaves: How Humans Interpret Topic Models", in Y. Bengio, D. Schuurmans and J. D. Lafferty, et al. , eds. *Advances in Neural Information Processing Systems* 22, Curran Associates, 2009, pp. 288 – 296.

Chatman E. A. , "Diffusion Theory: A Review and Test of a Conceptual Model in Information Diffusion", *Journal of the American Society for In-*

formation Science, Vol. 37, No. 6, 1986.

Chen C. , *Mapping Scientific Frontiers*, London: Springer-Verlag Press, 2003.

Chen C. , "Searching for Intellectual Turning Points: Progressive Knowledge Domain Visualization", *Proceedings of the National Academy of Sciences*, Vol. 101, No. suppl 1, 2004.

Chen C. , "Cite Space Ⅱ: Detecting and Visualizing Emerging Trends and Transient Patterns in Scientific Literature", *Journal of the American Society for Information Science and Technology*, Vol. 57, No. 3, 2006.

Chen C. , "Holistic Sense-making: Conflicting Opinions, Creative Ideas, and Collective Intelligence", *Library Hi Tech*, Vol. 25, No. 3, 2007.

Chen C. , Chen Y. and Horowitz M. , "Towards an Explanatory and Computational Theory of Scientific Discovery", *Journal of Informetrics*, Vol. 3, No. 3, 2009.

Chen C. and Hicks D. , "Tracing Knowledge Diffusion", *Scientometrics*, Vol. 59, No. 2, 2004.

Christakis N. A. and Fowler J. H. , "Social Contagion Theory: Examining Dynamic Social Networks and Human Behavior", *Statistics in Medicine*, Vol. 32, No. 4, 2013.

Church K. W. and Hanks P. , "Word Association Norms, Mutual Information, and Lexicography", *Computational Linguistics*, Vol. 16, No. 1, 1990.

Cui W. , Liu S. and Tan L. , et al. , "Textflow: Towards better Understanding of Evolving Topics in Text", *IEEE Transactions on Visualization and Computer Graphics*, Vol. 17, No. 12, 2011.

De Nooy W. , Mrvar A. and Batagelj V. , *Exploratory Social Network Analysis with Pajek*, Cambridge: Cambridge University Press, 2011.

De Solla Price, *Science since Babylon*, New Haven, CT: Yale University

Press, 1975.

Deerwester S. , Dumais S. T. and Furnas G. W. , et al. , "Indexing by Latent Semantic Analysis", *Journal of the American Society for Information Science*, Vol. 41, No. 6, 1990.

Ding Y. , "Topic-based PageRank on Author Cocitation Networks", *Journal of the Association for Information Science and Technology*, Vol. 62, No. 3, 2011.

Ding Y. , Song M. and Han J. , et al. , "Entitymetrics: Measuring the Impact of Entities", *PloS One*, Vol. 8, No. 8, 2013.

Firth J. R. , " A Synopsis of Linguistic Theory, 1930 – 1955 ", in J. R. Firth et al. , eds. *Studies in Linguistic Analysis*, Special Volume of the Philological Society, Oxford: Blackwell, 1957.

Galison P. , *Image and Logic: A Material Culture of Microphysics*, University of Chicago Press, 1997.

Garfield E. , "Citation Indexes for Science", *Science*, No. 122, 1955.

Garfield E. , "Science Citation Index — A New Dimension in Indexing", *Science*, Vol. 144, No. 3691, 1964.

Goffman W. , "Mathematical Approach to the Spread of Scientific Ideas-the History of Mast Cell Research", *Nature*, Vol. 212, No. 5061, 1966.

Gohr A. , Hinneburg A. and Schult R. , et al. , "Topic Evolution in a Stream of Documents", *Proceedings of the SIAM International Conference on Data Mining*, Society for Industrial and Applied Mathematics, 2009.

Griffiths T. and Steyvers M. , "Prediction and Semantic Association", *NIPS'02: Proceedings of the 15th International Conference on Neural Information Processing Systems*, Jan. 2002.

Griffiths T. L. and Steyvers M. , "Finding Scientific Topics", *Proceedings of the National Academy of Sciences*, Vol. 101, No. suppl 1, 2004.

Griffiths T. L. , Steyvers M. and Blei D. M. , et al. , "Integrating Topics and Syntax", *Advances in Neural Information Processing Systems*, 2004.

Griffiths T. L. , Steyvers M. and Tenenbaum J. B. , "Topics in Semantic Representation", *Psychological Review*, Vol. 114, No. 2, 2007.

Gulordava K. and Baroni M. , "A Distributional Similarity Approach to the Detection of Semantic Change in the Google Books Ngram Corpus", *Proceedings of the GEMS* 2011 *Workshop on GEometrical Models of Natural Language Semantics*, Association for Computational Linguistics, 2011.

Hamilton W. L. , Leskovec J. and Jurafsky D. , "Diachronic Word Embeddings Reveal Statistical Laws of Semantic Change", *arXiv Preprint arXiv*: 1605. 09096, 2016.

Harris Z. S. , "Distributional Structure", *Word*, Vol. 10, No. 2 – 3, 1954.

He Q. , "Knowledge Discovery Through Co-word Analysis", *Library Trends*, Vol. 48, No. 1, 1999.

Hethcote H. W. , "The Mathematics of Infectious Diseases", *SIAM Review*, Vol. 42, No. 4, 2000.

Hoffman M. , Bach F. R. and Blei D. M. , "Online Learning for Latent Dirichlet Allocation", in J. D. Lafferty, C. K. I. Williams and J. Shawe-Taylor, eds. *Advances in Neural Information Processing Systems* 23, 2010.

Hofmann T. , "Probabilistic Latent Semantic Indexing", *Proceedings of the* 22nd *Annual International ACM SIGIR Conference on Research and Development in Information Retrieval*, ACM, 1999.

Jensen F. V. , *Bayesian Networks and Decision Graphs*, Springer Science & Business Media New York, 2001.

Jo Y. , Hopcroft J. E. and Lagoze C. , "The Web of Topics: Discovering the Topology of Topic Evolution in a Corpus", *Proceedings of the 20th International Conference on World Wide Web*, ACM, 2011.

Johan G. and Marcel K. , "Forecasting Product Sales with a Stochastic Bass Model", *Journal of Mathematics in Industry*, Vol. 9, 2019.

Kenter T. , Wevers M. and Huijnen P. , et al. , "Ad Hoc Monitoring of Vocabulary Shifts Over Time", *Proceedings of the 24th ACM International on Conference on Information and Knowledge Management*, ACM, 2015.

Kim Y. , Chiu Y. I. and Hanaki K. , et al. , "Temporal Analysis of Language Through Neural Language Models", *arXiv Preprint arXiv*: 1405. 3515, 2014.

Klavans R. and Boyack K. W. , "Identifying a Better Measure of Relatedness for Mapping Science", *Journal of the American Society for Information Science and Technology*, Vol. 57, No. 2, 2006.

Kontostathis A. , Galitsky L. M. and Pottenger W. M. , et al. , "A Survey of Emerging Trend Detection in Textual Data Mining", *Survey of Text Mining*: *Clustering*, *Classification*, *and Retrieval*, Springer New York, 2004.

Kuhn T. S. , *The Structure of Scientific Revolutions*, Chicago: Chicago University Press, 2012.

Kulkarni V. , Al-Rfou R. and Perozzi B. , et al. , "Statistically Significant Detection of Linguistic Change", *Proceedings of the 24th International Conference on World Wide Web*, ACM, 2015.

Kwon T. H. and Zmud R. W. , "Unifying the Fragmented Models of Information Systems Implementation", in Boland R. J. and Hirschheim R. A. , eds. *Critical Issues in Information Systems Research*, NY: John Wiley & Sons, 1987.

Landauer T. K. and Dumais S. T. , "A Solution to Plato's Problem: The Latent Semantic Analysis Theory of Acquisition, Induction, and Representation of Knowledge", *Psychological Review*, Vol. 104, No. 2, 1997.

Laudan L. , *Progress and its Problems*: *Towards a Theory of Scientific Growth*, University of California Press, 1978.

Le Coadic Y. F. , "Modeling the Communication, Distribution, Transmission or Transfer of Scientific Information", *Journal of Information Science*, Vol. 13, No. 3, 1987.

Le M. H. , Ho T. B. and Nakamori Y. , "Detecting Citation Types Using Finite-state Machines", *Pacific-Asia Conference on Knowledge Discovery and Data Mining*, Springer Berlin Heidelberg, 2006.

Learned W. S. ed. , *The American Public Library and the Diffusion of Knowledge*, Harcourt: Brace and Company, 1924.

Lee J. Y. , Kim H. and Kim P. J. , "Domain Analysis with Text Mining: Analysis of Digital Library Research Trends Using Profiling Methods", *Journal of Information Information Science*, Vol. 36, No. 3, 2010.

Lehmann W. P. , *Historical Linguistics*: *An Introduction*, Routledge, 2013.

Leydesdorff L. and Rafols I. , "Local Emergence and Global Diffusion of Research Technologies: An Exploration of Patterns of Network Formation", *Journal of the American Society for Information Science and Technology*, Vol. 62, No. 5, 2011.

Liu Y. , Rafols I. and Rousseau R. , "A Framework for Knowledge Integration and Diffusion", *Journal of Documentation*, Vol. 68, No. 1, 2012.

Lounsbury J. W. , Roisum K. G. and Pokorny L. , et al. , "An Analysis of Topic Areas and Topic Trends in the Community Mental Health Journal from 1965 through 1977", *Community Mental Health Journal*, Vol. 15, No. 4, 1979.

Mane K. K. and Börner K. , "Mapping Topics and Topic Bursts in

PNAS", *Proceedings of the National Academy of Sciences*, Vol. 101, No. suppl 1, 2004.

Marshakova I. V., "System of Document Connections Based on References", *Nauchno-Tekhnicheskaya Informatsiya Seriya 2 – Informatsionnye Protsessy I Sistemy*, No. 6, 1973.

McCain K. W., "Mapping Authors in Intellectual Space: A Technical Overview", *Journal of the American Society for Information Science*, Vol. 41, No. 6, 1990.

Mei Q. and Zhai C. X., "Discovering Evolutionary Theme Patterns from Text: An Exploration of Temporal Text Mining", *Proceedings of the 11th ACM SIGKDD International Conference on Knowledge Discovery in Data Mining*, ACM, 2005.

Michel J. B., Shen Y. K. and Aiden A. P., et al., "Quantitative Analysis of Culture Using Millions of Digitized Books", *Science*, Vol. 331, No. 6014, 2011.

Mikolov T., Sutskever I. and Chen K., et al., "Distributed Representations of Words and Phrases and their Compositionality", in C. J. C. Burges, L. Bottou and M. Welling, et al., eds. *Advances in Neural Information Processing Systems* 26. Curran Associates, 2013.

Moerchen F., Fradkin D. and Dejori M., et al., "Emerging Trend Prediction in Biomedical Literature", *Proceedings of American Medical Informatics Association Annual Symposium*, 2008.

Newman M. E. J., "The Structure and Function of Complex Networks", *SIAM Review*, Vol. 45, No. 2, 2003.

Norman D. A., *The Design of Everyday Things: Revised and Expanded Edition*, Basic Books, 2013.

Pantel P., "Inducing Ontological Co-occurrence Vectors", *Proceedings of the 43rd Annual Meeting on Association for Computational Linguistics*. Association for Computational Linguistics, 2005.

Patterson K. , Nestor P. J. and Rogers T. T. , "Where do You Know What You Know? The Representation of Semantic Knowledge in the Human Brain", *Nature Reviews Neuroscience*, Vol. 8, No. 12, 2007.

Petrakis E. G. M. and Orphanoudakis S. C. , "Methodology for the Representation, Indexing and Retrieval of Images by Content", *Image and Vision Computing*, Vol. 11, No. 8, 1993.

Popper K. , *The Logic of Scientific Discovery*, Routledge, 2005.

Price D. J. , "Networks of Scientific Papers", *Science*, No. 149, 1965.

Rehder B. , Schreiner M. E. and Wolfe M. B. W. , et al. , "Using Latent Semantic Analysis to Assess Knowledge: Some Technical Considerations", *Discourse Processes*, Vol. 25, No. 2 – 3, 1998.

Rehurek R. and Sojka P. , "Software Framework for Topic Modelling with Large Corpora", Proceedings of the LREC 2010 Workshop on New Challenges for NLP Frameworks, Valletta, Malta, May 22, 2010.

Riehmann P. , Hanfler M. and Froehlich B. , "Interactive Sankey Diagrams", *IEEE Symposium on Information Visualization at INFOVIS*, IEEE, 2005.

Roediger H. L. and McDermott K. B. , "Creating False Memories: Remembering Words not Presented in Lists", *Journal of Experimental Psychology: Learning, Memory, and Cognition*, Vol. 21, No. 4, 1995.

Rogers E. M. , *Diffusion of Innovations*, 5th Edition, Simon and Schuster, 2003.

Ronda-Pupo G. A. and Guerras-Martin L. A. , "Dynamics of the Evolution of the Strategy Concept 1962 – 2008: a Co-word Analysis", *Strategic Management Journal*, Vol. 33, No. 2, 2012.

Rosen-Zvi M. , Griffiths T. and Steyvers M. , et al. , "The Author-topic Model for Authors and Documents", *Proceedings of the 20th Conference on Uncertainty in Artificial Intelligence*, AUAI Press, 2004.

Rosvall M. and Bergstrom C. T. , "Mapping Change in Large Networks",

PloS One, Vol. 5, No. 1, 2010.

Rubenstein H. and Goodenough J. B., "Contextual Correlates of Synonymy", *Communications of the ACM*, Vol. 8, No. 10, 1965.

Schütze H. and Pedersen J., "Information Retrieval Based on Word Senses", *Proceedings of the 4th Annual Symposium on Document Analysis and Information Retrieval*, Las Vegas, NV, April 24 – 26, 1995.

Sereno S. C., Pacht J. M. and Rayner K., "The Effect of Meaning Frequency on Processing Lexically Ambiguous Words: Evidence from Eye Fixations", *Psychological Science*, Vol. 3, No. 5, 1992.

Shannon C. E., "A Mathematical Theory of Communication", *Bell System Technical Journal*, Vol. 27, No. 3, 1948.

She Z. Y., Cao R. and Xie B., et al., "An Analysis of the Wind Power Development Factors by Generalized Bass Model: A Case Study of China's Eight Bases", *Journal of Cleaner Production*, Vol. 231, 2019.

Small H., "Co-citation in the Scientific Literature: A New Measure of the Relationship Between two Documents", *Journal of the American Society for Information Science*, Vol. 24, No. 4, 1973.

Small H., "Visualizing Science by Citation Mapping", *Journal of the Association for Information Science and Technology*, Vol. 50, No. 9, 1999.

Sorenson O., Rivikin J. W. and Fleming L., "Complexity, Networks and Knowledge Flow", *Research Policy*, Vol. 35, No. 7, 2006.

Tahmasebi N., Risse T. and Dietze S., "Towards Automatic Language Evolution Tracking, a Study on Word Sense Tracking", Joint Workshop on Knowledge Evolution and Ontology Dynamics, Bonn, Germany, Oct 24, 2011.

Tang J., Liu J. and Zhang M., et al., "Visualization Large-scale and High-dimensional Data", *arXiv Preprint arXiv*: 1602.00370, 2016.

Tang J., Zhang J. and Yao L., et al., "Arnetminer: Extraction and Mining of Academic Social Networks", *Proceedings of the 14th ACM SIGK-*

DD International Conference on Knowledge Discovery and Data Mining, ACM, 2008.

Till R. E., Mross E. F. and Kintsch W., "Time Course of Priming for Associate and Inference Words in a Discourse Context", *Memory & Cognition*, Vol. 16, No. 4, 1988.

Tu Y. N. and Seng J. L., "Indices of Novelty for Emerging Topic Detection", *Information Processing & Management*, Vol. 48, No. 2, 2012.

Van Eck N. J. and Waltman L., "Software Survey: VOSviewer, a Computer Program for Bibliometric Mapping", *Scientometrics*, Vol. 84, No. 2, 2010.

Van Raan A. F. J., "On Growth, Ageing, and Fractal Differentiation of Science", *Scientometrics*, Vol. 47, No. 2, 2000.

Wang C., Blei D. and Heckerman D., "Continuous Time Dynamic Topic Models", *arXiv Preprint arXiv*: 1206. 3298, 2012.

Wang X. and Cheng Q. and Lu W., "Analyzing Evolution of Research Topics with NEViewer: A New Method Based on Dynamic Co-word Networks", *Scientometrics*, Vol. 101, No. 2, 2014.

Wang X. and McCallum A., "Topics over Time: A Non-Markov Continuous-time Model of Topical Trends", *Proceedings of the 12th ACM SIGKDD International Conference on Knowledge Discovery and Data Mining*, ACM, 2006.

Wang Y., Agichtein E. and Benzi M., "TM-LDA: Efficient Online Modeling of Latent Topic Transitions in Social Media", *Proceedings of the 18th ACM SIGKDD International Conference on Knowledge Discovery and Data Mining*, ACM, 2012.

Watts D. J. and Strogatz S. H., "Collective Dynamics of 'Small-world' Networks", *Nature*, Vol. 393, No. 6684, 1998.

Wei X., Sun J. and Wang X., "Dynamic Mixture Models for Multiple Time-series", *IJCAI*, Vol. 7, 2007.

White H. D. and Griffith B. C. , "Author Cocitation: A Literature Measure of Intellectualstructure", *Journal of the American Society for information Science*, Vol. 32, No. 3, 1981.

White H. D. and McCain K. W. , "Visualizing a Discipline: An Author Co-citation Analysis of Information Science, 1972 – 1995", *Journal of the American Society for Information Science*, Vol. 49, No. 4, 1998.

Williams A. and Baláž V. , *International Migration and Knowledge*, Routledge, 2014.

Winston B. , Media, *Technology and Society: A History-From the Telegraph to the Internet*, Routledge, 2002.

Wolfe M. B. W. , Schreiner M. E. and Rehder B. , et al. , "Learning from Text: Matching Readers and Texts by Latent Semantic Analysis", *Discourse Processes*, Vol. 25, No. 2 – 3, 1998.

Xu J. , Ding Y. and Malic V. , "Author Credit for Transdisciplinary Collaboration", *PloS One*, Vol. 10, No. 9, 2015.

Yan E. , Ding Y. and Milojević S. , et al. , "Topics in Dynamic Research Communities: An Exploratory Study for the Field of Information Retrieval", *Journal of Informetrics*, Vol. 6, No. 1, 2012.

Zhai Y. , Ding Y. and Wang F. , "Measuring the Diffusion of an Innovation: A Citation Analysis", *Journal of the Association for Information Science & Technology*, Vol. 69, No. 3, 2017.

Zhang L. , Thijs B. and Glänzel W. , "The Diffusion of H-Related Literature", *Journal of Informetrics*, Vol. 5, No. 4, 2011.

索　引